AF431779

Cristiano Casalini

UNA VITA VINCENTE

SEMPLIFICA, GUADAGNA E VIVI MEGLIO

◆

EDIZIONI WE

ISBN 979-12-5497-097-3

©2023 Edizioni WE di Nicola Bergamaschi
Via Paulli 10/A – 26015 – Soresina (CR)

www.clickpertutti.com
www.edizioniwe.com
www.facebook.com/edizioniwe
www.instagram.com/edizioniwe
info@edizioniwe.com

INTRODUZIONE
di Cristiano Casalini

Quello che ti sto per presentare, si può considerare il mio secondo infoprodotto.

Dopo ***Bitcoin!Il prezzo della libertà***, dove ero entrato maggiormente nello specifico, toccando il mondo di Bitcoin, questa volta ho voluto darti una panoramica generale, un quadro macro-economico, sia mondiale che nazionale.

Ritengo la nostra democrazia a serio rischio, più che mai di questi tempi e, scorrendo via via le pagine, potrai constatare la motivazione di quanto ho appena affermato.

Confido anche di poterti dare un sufficiente numero di informazioni che possano aiutarti, grazie a scelte migliori, a vivere meglio e con maggiore libertà.

Realizzarsi ed essere felici, in fin dei conti, è lo scopo di tutti noi!

Per fare ciò, ho diviso in diversi capitoli le argomentazioni, nella speranza di averti semplificato la lettura e di poterti consentire maggiore attenzione agli argomenti a te più cari, sebbene li ritenga tutti fondamentali.

L'inizio verte su una vasta panoramica sulla situazione odierna, e ti parla in ordine di:

- **Manipolazione sistematica**;
    spiegandoti perché tutti noi ne siamo costantemente vittime, con l'obiettivo dichiarato di dare la giusta consapevolezza.

- **Denaro**;
    come si crea e come funziona.

- **Politica nazionale**;
    analizzando le ragioni del nostro forte debito pubblico.

Dopo tutto ciò, ti invito a concentrare, in modo metodico, il lavoro su te stesso, sia professionalmente che umanamente, come?

- **Diventando intraprendente**;
  che non significa, necessariamente, aprire un esercizio, ma imparare a gestire autonomamente, responsabilmente ed al meglio le proprie entrate, i propri risparmi e le proprie finanze.

- **Essere inattaccabile**;
  motivando perché essere giusti non è solo moralmente etico, ma anche conveniente.

Sono questi, appena citati, i due argomenti cuore del libro, quelli a cui dedico più spazio, il motivo di tutto ciò è che, se la prima parte è indispensabile da sapere ma impossibile da cambiare, è proprio l'ausilio di questa seconda parte che, grazie alle decisioni quotidiane, può aiutarti a decidere come incanalare il corso della tua vita.

L'ultima parte è dedicata all'**educazione scolastica**, nella speranza che, con questa critica costruttiva, a cui ho aggiunto la mia proposta di miglioramento, la scuola possa, al più presto, aggiornarsi e migliorare, consentendo ai giovani d'oggi, nonché i cittadini del domani, di poter fruire della migliore preparazione possibile e permetta loro l'esclusiva tutela dei loro interessi.

UNA VITA VINCENTE

1. LA MANIPOLAZIONE SISTEMA(TICA)

LA DITTATURA MASCHERATA

"È meglio la peggiore delle democrazie della migliore di tutte le dittature" questa celebre frase di Sandro Pertini, il Presidente, ancora oggi, più amato dagli italiani, mi ha accompagnato e mi sta accompagnando, giorno per giorno, lungo il cammino della vita.
Non sono mai stato tenero nei confronti della nostra nazione, puntando sempre il dito sulle troppe mancanze.
Ciononostante, mi sono sempre ritenuto fortunato d'essere nato e vissuto in un contesto democratico, dove tutte le aziende, anche le più piccole, avessero libertà di esercitare e, nello stesso tempo, tutti avessero diritto ad una vita dignitosa, cominciando dalla tutela della salute.
Questo era il mio pensiero ricorrente, durante il decennio degli anni '80 e nella prima metà degli anni '90, i quali mi apparivano come un paradiso terrestre, ma c'era qualcosa che, sinceramente, non capivo.
Non mi sono mai capacitato di come fosse possibile vedere persone, ancora molto giovani, andare in pensione.
Non capivo l'incedere, sempre più eccessivo, della pubblicità e la creazione, sempre più spasmodica, dei bisogni nelle persone, che sembravano divenire infiniti.
Mi sembrava tutto troppo bello per essere vero!
Col tempo, sfogliando libri e giornali, tutto fuorché i testi scolastici, scoprii un'altra celebre frase del nostro amatissimo presidente: "Gli uomini per essere liberi, è necessario, prima di tutto, che siano liberati dall'incubo del bisogno".
Una frase interpretata in svariati modi, facendosela ognuno propria, a seconda della sfaccettatura politica di pertinenza, ma che, dopo averla letta, mi portò a pensare come tutto questo benessere fosse, in realtà, fasullo.

Iniziai a dubitare della nostra libertà ed altresì a sospettare che, la nostra democrazia, non fosse altro che una dittatura mascherata.

Erano pensieri cupi e tenebrosi, li tenevo in silenzio per me. Iniziai a seguire la politica, ed a confrontarmi con ragazzi dichiaratamente contro il Sistema, i più con ideologie di estrema sinistra.

A sentirli parlare, sembrava avessero la soluzione a portata di mano, ne erano fermamente convinti, ma mi accorsi presto che, in questo Sistema, tanto combattuto e detestato almeno a parole, in realtà ci eravamo tutti immersi, nessuno faceva eccezione, e che non potevamo più vivere senza di esso.

Oltretutto, le soluzioni sociali da loro proposte con fierezza e a pugno alto, non avrebbero fatto altro che appesantire le casse statali e creare ulteriori problemi in futuro, altro che risolverli!

Col passar degli anni, la situazione economica di Stato, si diceva che peggiorasse di volta in volta, ma in realtà stavano semplicemente venendo al pettine tutti i nodi, divenni più convinto della mia sensazione, in prima istanza pensai di emigrare all'estero, ma poi, purtroppo, iniziai a scoprire che non c'era via di scampo, la dittatura mascherata si stava estendendo ovunque, in tutto il Mondo, anzi, lo era di già, forse da sempre.

Il biennio 2020/21, quello della pandemia, è stata la prova dei miei tristi pensieri.

Prima con un lockdown imposto con la forza, poi con soldi distribuiti a pioggia in modo arbitrario, con lo scopo dichiarato di aiutare le persone in difficoltà, ma che in pratica son serviti solo a far alzare esponenzialmente l'inflazione in tutti gli Stati, impoverendo i risparmiatori e nutrendo in me quasi il dubbio che, tutto ciò, fosse voluto.

Infine, tanto per non toglierci nulla, è arrivata l'imposizione subdola del vaccino.

Un biennio indimenticabile nella sua bruttezza, che ha amplificato la meschinità e, talvolta, la bassezza dell'animo umano, ma che mi ha spronato nell'idea di realizzare, con i miei colleghi, un libro collettivo intitolato *Il nemico invisibile*, nel quale mi sono perlomeno permesso di togliermi qualche sassolino dalla scarpa, scrivendo il mio piccolo contributo intitolato *La Repubblica fondata sul Green Pass*. Dopo questo breve divagare, chiudo qui la parte introduttiva e Ti auguro buona lettura.

IL TOTALE CONTROLLO

Hai letto *La finestra rotta* di Jeffery Deaver?
Il romanzo è un fantastico ed i personaggi sono tutti inventati, ma il riferimento al "mondo attuale", da parte dell'autore, c'è.
Non voglio scendere nei dettagli, sia perché non sarebbe pertinente con il mio lavoro, sia perché, qualora non l'avessi ancora letto, non ritengo giusto rivelarti come si svolge.
Mi limito pertanto, in modo molto approssimativo e superficiale, a fare riferimento all'inizio della storia, la quale vede il detective impegnato nella cattura di un pericoloso criminale omicida e, le indagini, lo portano a controllare i movimenti all'interno della SSD, un'agenzia di raccolta dati dove vengono immagazzinate le informazioni di tutti i cittadini statunitensi.
Nel leggerlo non nascondo di essermi impressionato, ed anche un po' spaventato.
La cura e lo scrupolo, con cui vedevo archiviare tutti i movimenti di ogni persona, causarono in me brividi lungo la schiena, immaginando che la stessa cosa stesse accadendo anche in Italia, e spiato così potevo esserlo anch'io.
Lo scrittore, ovviamente, ha presentato uno scenario distopico, usando tutto il suo talento per impressionare, ma è la rappresentazione, anche se alterata, della realtà.
Il livello di controllo del Sistema, su di noi, è totale, tramite big data, social network, riconoscimento facciale e traccia-

mento satellitare, tanto per fare alcuni esempi, siamo sempre sorvegliati.

Il Sistema sa tantissimo di noi e tutto lo apprende attraverso i dati, siamo schedati fin dalla nascita e poi, nel tempo, ne immagazzina di nuovi, grazie anche a noi che ci mettiamo del nostro, regalando informazioni.

Il Sistema sa chi siamo, dove e con chi viviamo, quale lavoro svolgiamo e quali abbiamo svolto precedentemente, sa quanto guadagnamo, quanto denaro possediamo e dove lo conserviamo. Vengono registrati tutti i nostri acquisti, dove ci troviamo in ogni momento, come passiamo il tempo libero, dove viaggiamo per svago e dove abbiamo viaggiato in passato.

Conosce il nostro livello culturale, la nostra corrente filosofica e, così facendo, riesce anche a capire le nostre opinioni politiche.

È a conoscenza, tramite la conservazione dati, di eventuali controversie legali, di problemi amministrativi o economici. Sa tutto anche sulla nostra salute.

Queste informazioni vengono elaborate da algoritmi automatici, che tracciano i nostri profili.

Le informazioni vengono vendute per essere usate contro di noi, ad esempio per poterci vendere dei prodotti e per condizionare ogni nostra scelta.

Le informazioni su di noi sono, quindi, nelle mani dello Stato e dei colossi di livello mondiale.

Tutto ciò significa che, per noi, i rischi sono molteplici.

Innanzitutto condizionano il nostro consumo, già questo è, almeno ad opinione del sottoscritto, sufficiente per considerare a rischio la democrazia.

Ma un rischio, ancor più grave, è la possibilità di impedirci l'accesso ai nostri conti correnti e, di conseguenza, il prelievo di quelli che dovrebbero essere i nostri soldi.

Non voglio fare catastrofismo, sono solo realista, tutto ciò è già accaduto, solo pochi anni fa, in Argentina, a Cipro ed in Grecia, ultimamente in Russia e, attualmente, sta accadendo in Nigeria.

Lo scorso anno, nel 2021, tale impedimento è stato messo in atto, addirittura a scopo punitivo, in Canada, contro alcuni dissidenti.

Possono essere eseguiti prelievi forzosi, per salvare le Banche e lo Stato da eventuali rischi di fallimento.

La nostra condizione di salute, più che mai sotto i riflettori, se non ottimale, può essere motivo di diniego, da parte delle Banche, nella concessione dei prestiti, o da parte delle Assicurazioni nel caso volessimo stipularne una sulla vita.

È storia di recentissimo passato, se non d'attualità, il trattamento sanitario per arginare il Covid, sulla carta libero, ma in realtà subdolamente imposto a livello nazionale, impedendo il lavoro e l'accesso a determinati servizi verso chi decideva, in modo teoricamente democratico, di non sottoporsi ad esso.

In caso di sola presunzione di evasione, anche senza prove concrete, lo Stato, ha facoltà di espropriare tutti noi di ogni bene, compresa la prima casa.

Può esserci imposto, tramite eredità, di pagare debiti lasciati da altre persone, legate a livello parentale, ma con cui, magari, non si ha mai avuto nulla a che fare.

Sanno tutto di noi e, se da una parte, può essere utile nella lotta contro il crimine, dall'altra può avvantaggiare persone, a conoscenza di determinate informazioni, sulle altre.

Questa è la nostra società, una società che, con le sue regole complicate e la sua ingarbugliata burocrazia, ci impedisce di essere liberi, dice di essere democratica, ma in realtà altro non è che una "dittatura mascherata"

MATRIX

Matrix è ovunque, anche se non lo vedi, è sul tuo posto di lavoro, in quelli di svago, fuori dalla finestra di casa tua, è anche nella stanza dove sei seduto a leggere questo libro.

C'è! Anche se non te ne accorgi, perché altro non è che una prigione mentale senza sbarre, nella quale TU! hai l'illusione di essere libero, ma in realtà non lo sei.

La verità è che, quasi tutti noi, siamo nati in schiavitù, destinati ad essere pieni di debiti ed infelici.

Quello che ci viene imposto dal Sistema è uno schiavismo volontario, volto all'obbedienza ed alla schiavitù economica.

Schiavismo da quasi tutti noi accettato, grazie a false credenze tramandateci nel tempo, in buona o cattiva fede, da quelli che dovrebbero essere, o essere stati, i nostri educatori.

Una su tutte è quella dei giorni fissi e del lavoro a tempo, nel quale barattiamo la nostra più grande ricchezza, ovvero il nostro preziosissimo tempo, per un pezzo di carta chiamato denaro.

Quello che tiene in piedi tali matrici culturali (Matrix) è proprio il Sistema.

Il Sistema ci fa tante promesse, ma non può mantenerle, il suo unico scopo è quello di trasformarci in cittadini obbedienti e ligi alle sue regole, in cittadini che non si fanno domande e non hanno dubbi, ma che credono in quello che viene loro detto.

Le sue false verità devono essere accettate, come se fossero Vangelo, in quanto sono la molla che gli permette di andare avanti, ma il suo solo ed unico fine è quello di drenare ripetutamente liquidità, per farla arrivare ai piani alti, ovvero quelli (i pochi) che questo Sistema lo governano.

A quale liquidità mi riferisco?

Proprio a quella guadagnata tramite il sacrificio del nostro tempo, e destinata, inesorabilmente, a sfumare.

Tutti noi siamo educatori, ovvero i potenziali messaggeri delle sue regole: genitori, parenti, amici, insegnanti, per arrivare alle istituzioni, allo Stato, senza dimenticare i mass media, coloro che hanno in mano l'informazione e che, grazie a questa, arrivano nelle case di tutti, diffondendo le false credenze e screditando quei pochi che dovessero metterle in discussione.

La prima idea falsa, che ci viene propinata, è quella della strada sicura, ma che, in realtà, è proprio la più pericolosa, quella del lavoro da dipendente.

Tanto per capirci, basta pensare a quanti lavoratori di grandi aziende, apparentemente sicure, sono incorsi in periodi di grosse difficoltà economiche, date da improvvisi licenziamenti, in seguito a riorganizzazioni aziendali, per ovviare ai problemi creati dalle crisi!

Le crisi, anche se viene fatto credere il contrario, non sono quasi mai casuali, bensì volutamente create.

Un indizio, di quanto appena scritto, ne è la sua ciclicità, mediamente decennale, non lo dico io ma lo dice la storia e lo dicono i fatti.

Il cittadino medio, solitamente, non se ne accorge a causa del periodo di lunga gittata.

Le persone tendono a ragionare sul breve termine; il Sistema lo sa, ed è per questo che pianifica tutto su lunghi archi temporali.

La sicurezza non esiste, ma si hanno maggiori possibilità di trovarla fuori dalla zona di comfort, mai all'interno di essa.

Nonostante ciò, sembra che quasi nessuno lo capisca.

Immaginatevi la faccia di un genitore, qualora il figlio dovesse dirgli che non vorrebbe lavorare da dipendente, ma fare altro. Come reagirebbe?

E così farebbero amici e colleghi, non per cattiveria, ma perché condizionati dal Sistema, solo il meno condizionato lo incoraggerebbe ad inseguire i suoi sogni.

Questo condizionamento è indispensabile, ed è normale che sia così.

Chi impiega il proprio tempo ad inseguire i suoi sogni, non è funzionale per un Sistema che lo vorrebbe mero schiavo, al servizio di interessi altrui.

Un modo, per condizionare le persone, è fissare determinate regole.

I giorni e gli orari fissi, le ferie ad agosto, per esempio, non sono altro che regole fissate per inquadrare maggiormente.

Per quale motivo bisogna lavorare dal lunedì al venerdì?

Per quale motivo si deve lavorare proprio dalle 9 alle 18?

Per quale motivo le ferie vanno fatte ad agosto?

Questi non sono che pochi esempi!

Viene inculcata un' idea di fondo assurda, come la cattiveria delle grandi aziende multinazionali, utile solo a deresponsabilizzare i veri colpevoli.

Ma queste non sono che società, come le altre, a scopo di lucro, come può un'azienda essere buona o cattiva?

Le decisioni vengono sempre prese da persone e, se all'interno di essa, vengono prese decisioni cattive, è solo perché è guidata da persone cattive.

L'idea successiva, è quella volta a convincerci nel barattare il proprio tempo con il denaro.

Ci riesce facendoci credere che il nostro tempo sia illimitato, ma in realtà è molto limitato ed ha inestimabile valore.

Il tempo di tutte le persone è prezioso, a differenza del denaro, presentato come bene scarso e limitato, ma che in realtà è illimitato nella sua stampa, è dal 1971 che non ha più l'oro come sottostante (ma questo argomento sarà trattato più avanti), stampa decisa, oltretutto, in modo arbitrario.

Ci viene fatto credere che nasciamo liberi, ma così non è per via del debito, ciascuno di noi nasce con un debito creato da un Sistema marcio, e questo debito lo deve pagare.

Ci viene propinato, come antidoto all'infelicità, il consumismo sfrenato, facendoci credere felici solo grazie all'acquisto di cose esterne.

Ma il consumismo non fa altro che impoverirci, a beneficio dei soliti pochi.

Vengono fatte false promesse agli studenti, i quali vengono illusi di un successo assicurato nel caso si dovessero laureare, questo poteva essere vero in passato, ma ora non è più così, diploma e laurea non assicurano più nulla.

Ci viene offerta la visione dello sport e di stupidi reality, per distrarci e non farci pensare ad altro.

Ci convincono a puntare tutto sui social, sulle iper persona-

lità, facendoci credere che, più follower abbiamo, più siamo dei vincenti.

Apparire sorridenti e belli, magari tramite foto filtrate, sembra essere diventato lo scopo principale di molte persone.

Vi sembro disfattista? Fatevi un giro il sabato sera nei vari locali d'incontro, provate a vedere quante persone parlano tra loro e quante, invece, nemmeno si guardano, perché impegnate a smanettare quel gingillo chiamato cellulare.

Si fotografano in continuazione, mettendosi in posa, rinunciando alla propria privacy e spiattellando, al mondo intero, tutto ciò che stanno facendo per poter impressionare gli altri, ovvero persone a cui, nella maggioranza dei casi, non frega niente di loro, ma nulla è più falso del mondo social.

Li vediamo sorridenti in vacanza, nei ristoranti di lusso, o vicino al macchinone appena acquistato.

Ostentano! Ostentano in continuazione, per farsi invidiare dal prossimo, come se l'invidia fosse un sentimento positivo, (pensano di conquistare rispetto ed invece, sempre che non vengano ignorati, riescono solo a farsi odiare), ma non raccontano dei soldi spesi, o dei debiti contratti, per potersi permettere tutto ciò.

Ci fanno credere quanto sia giusto dedicare molto tempo al lavoro, ed avere un tempo libero molto limitato da dedicare ai nostri cari che, col passare dei giorni, dei mesi e degli anni, van via via trasformandosi in conviventi sconosciuti.

Quello che dovesse fare il contrario, la mosca bianca, (ed ogni tanto lo si incontra, ci si imbatte), verrebbe subito additato come strano o pazzo, sarebbe attaccato, canzonato e screditato, etichettato come pelandrone, parassita o sfigato.

Il Sistema ci fa credere che, inseguendo la carriera e la fortuna, si potrà avere successo.

Milioni di persone, non solo si recano sui posti di lavoro (il che è un bene), ma vivono l'occupazione, non come un mezzo di costruzione del proprio presente e del proprio futuro, bensì in continua competitività, ostacolandosi a vicenda.

Da buoni compagni di sventura, buttano via giorni, mesi,

anni tra dispetti ed invidie, odiandosi l'uno con l'altro, desiderando solo quello che non hanno, senza pensare ad ottenere da ciò che già possiedono.

Stanno ancora peggio quei disperati che, letteralmente, buttano i loro soldi nel cestino giocando, inseguendo la risoluzione dei loro problemi economici con la fortuna.

Basterebbe tener traccia dei soldi spesi e delle vincite per capire che, sul lungo periodo, la stragrande maggioranza perde soldi e, con il solo risparmio quotidiano di questi, potrebbe ricavare un bel gruzzolo.

Ma scarsa conoscenza della matematica, mai insegnata adeguatamente (e volutamente?), ed irrazionalità hanno la meglio, impoverendo le tasche dei malcapitati che ci cascano come polli, a favore dello Stato, l'unico che vince sempre.

Sicuramente è molto più comodo sperare nel regalo della dea bendata, che studiare e cercare le giuste informazioni.

Peccato che un vecchio detto, saggio più che mai, dice che affidare la propria vita alla fortuna è come affidarsi ad un un cieco come guida.

Solo una è la soluzione, quella che ti mostra la via per uscirne, seppur gradualmente, ovvero la conoscenza, nulla è più preziosa di essa.

Ma i potenti, in accordo con i possessori delle grosse multinazionali (sempre che non siano le stesse persone), lo sanno, lo sanno ed agiscono di conseguenza, investendo tantissimo proprio in informazioni, ovviamente rispettando la legge, creata appositamente per loro.

A quali informazioni mi riferisco?

Semplice! A quelle su di noi!

Richieste alla pubblica amministrazione, acquistandole dai social e prendendole direttamente da noi, tramite le loro carte fedeltà che sottoscriviamo in continuazione, tradendo addirittura noi stessi e, perfino, per molto meno di quei trenta miseri denari d'oro, con i quali Giuda tradì Gesù.

VORREI AVERLO FATTO

Questo paragrafo è intitolato proprio come il meraviglioso libro di Bronnie Ware, scritto una decina d'anni fa, perché le osservazioni, che farò in queste prossime pagine, prendono spunto proprio da esso.

Nel suo capolavoro, la scrittrice australiana, individua i cinque rimpianti più comuni, tra chi si trova ad affrontare la fine della propria vita sempre più imminente, questi sono:
- vorrei aver vissuto la vita a modo mio e non come gli altri si aspettavano la dovessi vivere;
- vorrei non aver lavorato così tanto;
- vorrei aver avuto il coraggio di esprimere i miei sentimenti;
- vorrei essere rimasto in contatto con i miei amici;
- vorrei essere stato più felice;

Analizziamoli uno ad uno.

Il primo rimpianto è dato dal fatto che, le persone, non riescono a realizzare la maggioranza, se non nessuno, dei loro desideri.

Vengono indotte nel pensare di avere tempo infinito a disposizione e, quindi, a rimandare.

Solo quando il tempo rimasto è agli sgoccioli si ripensa al percorso vissuto, quindi subentrano i rimpianti.

Ma perché quasi tutte le persone vivono la vita come non vorrebbero?

Possibile che siano così stupide?

La risposta, ovviamente, è no!

È, semplicemente, il continuo condizionamento datoci, volto allo scopo di una maggior funzionalità, che ci porta a vivere in modo da rendere più felice non noi, ma qualcun altro.

Quante volte, fin da bambino, ti sei sentito etichettare come egoista, solo perché inseguivi un tuo interesse?

Eppure non stavi facendo nulla di male, non stavi creando nessun danno altrui, solo cercando di realizzare un tuo desiderio.

La società ci ha inculcato che, vivere come pare a noi, significhi essere egoisti, mentre, facendo mio il pensiero del grande Oscar Wilde: ti ricordo che **"l'egoismo, non consiste nel vivere come ci pare, ma nell'esigere che gli altri vivano come pare a noi"**.

Il secondo rimpianto, ci dice la scrittrice, sembra essere prevalentemente maschile, ma poco cambia se non a fini statistici.

Il fatto che, molte persone, rimpiangono di avere speso troppo tempo lavorando senza sosta, non è indice di scarsa volontà, ma di mancanza d'amore verso il lavoro che svolgevano e, le ore spese in esso, unite a quelle negli spostamenti, sono andate a scapito delle ore che avrebbero potuto passare in famiglia, o svolgendo ciò che amavano fare.

Il terzo rimpianto, di primo impatto, può solo essere visto di natura affettiva, senza essere riconducibile al Sistema che, effettivamente, non ha interesse alcuno ad interferire nel campo sentimentale altrui e, di conseguenza, non lo si può incolpare di imporre o vietare qualcosa.

Ma sono i continui condizionamenti inculcati, volti ad indurci alla condotta di una vita alla ricerca della compiacenza altrui che, anche se indirettamente, portano spesso a non esprimere con sincerità i propri sentimenti, per evitare discordie.

Il quarto rimpianto è causato dalla perdita di contatto nei confronti dei propri amici, dovuta dalla mancanza di tempo, in quanto si è troppo concentrati a vivere il presente, solitamente una quotidianità monotona, ma percepita come sicura.

Il passato viene accantonato e, insieme ad esso, le amicizie, ma quando si è alla fine, uno dei desideri più comuni è rivedere gli amici di una volta e riallacciare i rapporti con chi è rimasto.

Non perdere i contatti e continuare a coltivare i rapporti con le persone, alle quali si è rimasti affezionati, costa tempo, da togliere al lavoro, al consumismo o a quelle attività su cui ti vorrebbe concentrato il Sistema, è per questo che, inconsciamente, siamo veicolati ad accantonare, senza accorgercene, quel valore tanto fondamentale per noi, come quello dell'amicizia.

L'ultimo punto è, forse, il più importante, perché inquadra un po' tutti i quattro precedenti, ed anche lo scopo di questo libro.

La scrittrice sottolinea come il malato terminale si dia dello stupido, per aver vissuto sempre in ansia per cose rivelatisi, nel tempo, futili, come il lavoro ed il giudizio altrui e, spesso, arriva a colpevolizzare le sue ingiustificate nevrosi passate.

Credo che il poveretto debba volersi più bene, vorrei tanto consolarlo, dicendogli che la colpa non è sua, ma di un Sistema congegnato per portarci ad essere così.

La nostra infelicità non è un incidente casuale, ma è freddamente architettata a monte e, se all'inizio, pur essendomi accorto, non riuscivo a capirne il perché, ora ne sono al corrente.

A costo di apparire ridondante, il perché, so spiegartelo in un modo spietatamente semplice: **la nostra felicità non è funzionale alla felicità di chi, questo Sistema, lo controlla, perché non è utile a realizzare la sua.**

Un'ultima considerazione la aggiunge il sottoscritto, rivolta a quelle persone che, nel Sistema, ci si sono inserite apparentemente bene, accettando le regole ed inseguendo il successo, anche in modo spietato, causando danni altrui.

Trattasi spesso di persone meschine e di arrampicatori sociali, ma che, grazie alla posizione raggiunta, godono di molta considerazione, sebbene non la meriterebbero.

Il Game Over arriverà anche per loro, e con esso i rimorsi di coscienza, peggiori dei rimpianti.

Anche per loro ci sarà il prezzo salato da pagare, forse il più salato di tutti, si renderanno conto dell'assurdità e dell'inutilità della loro vita, oltre che, peggio ancora, dei danni creati durante la loro esistenza, votata semplicemente al servizio di un Sistema dove loro, come tutti, si sono rivelate delle semplici pedine al servizio del re e della regina e pronte, all'occorrenza, ad essere sostituite, con disarmante facilità, da altre pedine più giovani.

2. IL DENARO

LA VERITÀ OSCURA DEL DENARO

*"Permettetemi di emettere e controllare il denaro di
una nazione e non mi interessa chi fa le sue leggi"
(Mayer Amschel Rothschild, fondatore della dinastia
bancaria Rothschild e della finanza moderna).*

Il denaro è ovunque, in ogni cosa che usiamo, per esempio,
nella sedia su cui sono seduto, nella penna che sto usando
per scrivere, e nel foglio di carta su cui sto buttando giù la
bozza di quello che (spero) diverrà il mio futuro libro.
Ma da dove viene? Chi lo crea? Come viene creato? Chi lo
controlla?
Domande che quasi nessuno si fa, ed invece dovrebbe.
Il denaro, attualmente, è formato da moneta cartacea e moneta elettronica, il primo rappresenta il contante, mentre il
secondo è quello che utilizziamo sotto forma di carte.
A tutti noi può sembrare la stessa cosa, almeno così la per-
cepiamo, in fin dei conti si può utilizzare sia l'uno sia
l'altro, soprattutto nelle spese più modiche, come quella al
bar quando ordiniamo un caffè, c'è chi sceglie se pagare
con contante e chi con carta.
Le carte elettroniche, negli ultimi anni, sono diventate di
utilizzo comune e sono, senza ombra di dubbio, una grande
comodità.
C'è, però, una sostanziale differenza tra il denaro contante e
quello elettronico.
Il denaro contante è stampato dalla Banca centrale e, la
maggioranza non lo sa, attualmente rappresenta non più del
5% dell'intero denaro in circolazione, il 95% è elettronico
ed è emesso dalle banche commerciali, ogni volta che ero-
gano un prestito, qualsiasi esso sia.
Tanto per semplificare, quando viene concesso un mutuo

per la casa, supponiamo di 100000 euro, vengono digital-
mente stampati dal nulla i 100000 euro in questione, direttamente sul conto del beneficiario.

Leggendo questo, anche un profano in economia capirebbe
che, per assurdo, se tutti andassero a prelevare dal proprio
conto, la banca non sarebbe in grado di erogare quanto dovuto e che, sempre per assurdo, se tutti pagassero i loro debiti, il denaro non solo sparirebbe, ma non basterebbe nemmeno per farlo.

**Tutti desiderano una vita senza debito, ma tutto ciò non
può essere possibile, perché il denaro è debito!**

Un piccolo indizio per capirlo? Gli interessi, sempre più ri-
dicoli, che la banca ci paga per tener fermi i nostri risparmi
sul conto, contestualmente ad un tasso, sicuramente molto
più agevolato, con cui presta soldi.

Tutto ciò è maggiormente amplificato nei momenti di crescita economica.

Questo succede perché la Banca non è interessata a detene-
re i nostri soldi, in quanto può stamparne quando e quanti
ne vuole, ma ad erogare prestiti!

Questo è il motivo per il quale viene punito il risparmio e
premiato il debito!

Il denaro è potere, le banche hanno facoltà non solo di
stamparne, ma anche di decidere a chi prestarlo.

Questo significa che il potere è in mano alle banche.

Non sono un detrattore di esse, ma queste, come tutte le
aziende, sono società private a scopo di lucro ed è giusto
che sia così, quindi, ogni loro decisione è determinata,
esclusivamente, dalla loro convenienza.

È indiscutibile che, per il bene della società, sarebbe giusto
concedere più prestiti alle piccole imprese, per permettere
loro di crescere e generare lavoro e prosperità.

Ma così non è e non può essere, perché la percentuale dei
fallimenti è alta ed è, di conseguenza, troppo rischioso farlo.

Il bene su cui le banche, solitamente, preferiscono erogare
maggior prestito, è sulle case, in quanto la banca riesce, in

questo modo, a massimizzare i profitti, riducendo al massimo i rischi perché, qualora il mutuatario non dovesse più riuscire a pagare, la Banca sarà comunque in grado di coprire le perdite, impadronendosi della proprietà.

Un mutuo a basso costo può sembrarci un vantaggio, ma così non è, se non nel breve termine.

L'incentivo a comprare case, grazie a concessioni di mutui convenienti, non farà altro che far lievitare i prezzi di esse, per la semplice legge di mercato, regolata dal rapporto tra domanda ed offerta.

Questo è il motivo per il quale, settori non produttivi come gli immobili, insieme ai mercati finanziari, nel lungo termine, rappresentano i beni che si apprezzano maggiormente, a differenza degli stipendi che, nell'ultimo decennio, sono cresciuti con percentuali annue inferiori all'1%, a causa di una domanda, data dalla forza lavoro, molto superiore all'offerta, oltre che da una disoccupazione giovanile, tra gli under 25, molto alta.

In poche parole, questo è il motivo per cui la gran parte delle persone non riesce a comprare una casa e a trovare un buon lavoro, quindi, se sei tra questi, nonostante ti sia sempre impegnato al massimo, sappi che non è colpa tua!

L'IMPORTANZA DELLA STORIA

Avere cultura finanziaria è importante.
Per averne bisogna avere competenze, sia in economia sia in matematica.
Ma ancor più importante, di queste materie, è la Storia!
La mia affermazione può sembrare un controsenso.
Come può una materia, considerata umanistica, essere più importante, ai fini della cultura finanziaria, di materie tecniche come l'economia e la matematica?
Lo è per prevedere ciò che potrebbe accadere, nel prossimo e nel lontano futuro.

La conoscenza di essa sarebbe, soprattutto, utile ai più sprovveduti, per evitare loro di mettersi nelle mani dei maestri di vita o dei maghi di turno.

Solo studiando la Storia si può constatare come tanti accadimenti odierni, anche quelli mai avvenuti nell'ultimo secolo, in realtà, siano già successi più volte in precedenza.

Già dando uno sguardo alla Storia moderna, ovvero quella degli ultimi 500 anni, si possono capire tante verità, ai più sconosciute.

Negli ultimi 500 anni si è assistito ad accadimenti economici ciclici ed inesorabilmente uguali, come gli alti e bassi dell'impero olandese, britannico ed americano.

Prima di salire sulla macchina del tempo ed arretrare di secoli, mantengo la promessa fatta al lettore qualche pagina fa e faccio un viaggetto nel recente passato, ovvero al fatidico anno 1971.

Fino ad allora il dollaro aveva l'oro come sottostante, ovvero la carta moneta poteva essere scambiata con l'oro, il denaro reale, ma gli Stati Uniti, a quel tempo, spendevano molto più denaro di quanto ne guadagnassero, rimanendo, di conseguenza, a corto di soldi, e quindi di oro.

Divenne evidente e palese che gli Stati Uniti non avrebbero potuto mantenere, per molto tempo, la loro promessa e gli investitori, spaventati, si affrettavano, sempre più freneticamente, a liberarsi della carta moneta, riscuotendo la controparte spettante in oro.

La domenica sera del 15 agosto 1971, il presidente Richard Nixon, comunicò al Mondo intero che gli Stati Uniti avrebbero "temporaneamente" rotto il legame del dollaro con l'oro.

Sto scrivendo questo pezzo in un mercoledì mattina qualsiasi, datato 17 agosto 2022, sono passati oltre 51 anni da quel giorno, ma la sospensione temporanea della convertibilità del dollaro in oro è ancora in atto.

Il ricco imprenditore Ray Dalio era, allora, un giovane impiegato di 22 anni alla borsa di New York, e racconta che, il giorno successivo a tal annuncio, si recò presto al lavoro perché si aspettava un crollo dei titoli e voleva prepararsi a ciò.

Con suo stupore constatò che le sue previsioni risultavano del tutto errate, al suono della campanella d'avvio il mercato era in netto rialzo e, quel giorno, chiuse con una progressione superiore al 20%.

Questo lo sorprese perché non aveva mai vissuto una svalutazione monetaria, ma, al tempo stesso, tale accadimento lo spinse ad incuriosirsi e ad interessarsi agli eventi storici, scoprendo che la stessa cosa successe anche nel 1933 ed ebbe il medesimo effetto.

Anche all'inizio degli anni trenta i dollari erano legati all'oro e gli Stati Uniti spendevano più dell'oro a disposizione.

Analizzò quel che accadde il giorno successivo all'annuncio dell'allora presidente Franklin Delano Roosevelt, riguardante la rottura della promessa del Paese di scambiare dollari con oro.

Anche allora, dalla rottura del legame tra dollaro ed oro, e dalla possibilità di stampa illimitata della moneta, corrispose un'immissione di nuovo denaro all'interno dell'economia del Paese, nonostante non ci fossero né aumenti di ricchezza né di produttività, tutti comprarono più azioni e materie prime, causando l'aumento dei prezzi.

Andando a ritroso, scoprì che la stessa cosa successe più volte, praticamente sempre.

Non appena i Governi perdevano il controllo della situazione economica, sostenendo una spesa superiore agli introiti riscossi con le tasse e subendo, di conseguenza, un deterioramento delle loro finanze, ricercavano la soluzione nella stampa di nuova moneta, perché avevano bisogno di soldi, finendo con il rompere il legame con l'oro.

Successe ad esempio nel 1850, quando il governo Britannico sospese la convertibilità tra sterlina ed oro e, addirittura, 200 anni prima, nel 1650, quando fu il governo olandese a sospendere il legame con l'oro della sua moneta allora in vigore, il fiorino.

Successe sempre la stessa cosa, all'ingresso di nuova moneta in circolo, corrispondeva un aumento dei prezzi delle azioni e delle materie prime.

Potrà ad alcuni, ora, sembrare una banalità, ma per molti ancora non la è, ovvero sapere che, quando le Banche centrali, per alleviare ad una crisi, stampano moneta, il prezzo delle azioni e delle materie prime sale, mentre il valore della moneta si riduce.

È successa la stessa cosa anche nei nostri anni, nel 2008 per alleviare la crisi del debito ipotecario, poi nel 2020 per alleviare la crisi data dalla pandemia.

Quasi sicuramente accadrà anche in futuro!

IL NUOVO ORDINE MONDIALE

Per capire quel che accadrà, è indubbio che ci sia bisogno di conoscere il passato, sia da un punto di vista economico, sia da un punto di vista politico.

Nell'arco dei secoli si sono presentati, puntuali come un orologio svizzero, tre accadimenti:

1) Il Paese leader non ha abbastanza denaro per pagare i propri debiti, anche abbassando i tassi di interesse a 0, ne consegue una forte stampa di denaro.

2) Dalla stampa di denaro crescono i divari tra ricchi e poveri, da ciò i conflitti interni.

Ne consegue il trionfo del populismo politico ed il dualismo tra la sinistra e la destra.

La sinistra vorrebbe una redistribuzione della ricchezza, mentre la destra difende coloro che la detengono.

3) Il Conflitto esterno tra la grande potenza in ascesa e la potenza leader.

Questi tre accadimenti, oltre ad essersi ripetuti, hanno cambiato i rispettivi Ordini Mondiali.

L'Ordine Mondiale è stabilito nei trattati e si verifica dopo i conflitti tra Paesi, quando le nuove forze sconfiggono i Vecchi Ordini ormai deboli.

L'attuale Ordine Mondiale è quello americano, affermatosi dopo la vittoria degli alleati nella Seconda guerra mondiale, dalla quale gli Stati Uniti sono emersi come forza mondiale dominante, tutto ciò è stato definito negli accordi.

Il nuovo sistema monetario fu stabilito nel 1944, con il quale il dollaro emergeva come valuta di riserva in tutto il Mondo.

Studiando i grandi Imperi, negli ultimi 500 anni, si può constatare che ascesa e declino si sono sempre verificati in modo simile.

Come già anticipato, dopo un conflitto, si stabilisce un Nuovo ordine mondiale ed un nuovo leader indiscusso, riconosciuto da tutti e che nessuno vuole sfidare.

Poiché il leader è indiscusso, segue un periodo di pace e prosperità che fa stare bene le persone, le quali si abituano al benessere e scommettono sul fatto che continui sempre così, prendendo sempre più in prestito denaro per aumentare i consumi.

L'aumento continuo dei prestiti genera una bolla finanziaria, la quale aumenta il commercio del Paese al comando.

L'aumento della prosperità non distribuisce, però, la ricchezza in modo uniforme, aumentando il divario tra ricchi e poveri, ma nessuno al momento si ribella, in quanto il benessere è ancora tale da far stare bene tutti.

L'inevitabile scoppio della bolla finanziaria, però, prima o poi arriva, portando ad una stampa di denaro, che aumenta ancor più notevolmente il divario tra le due classi e, di conseguenza, a conflitti interni.

Il conflitto porta alla nascita del dualismo tra sinistre e destre e può essere pacifico o bellicoso, quest'ultimo sotto forma di guerre civili.

Conflitto che vede, come scritto precedentemente, impegnata la sinistra, la quale vorrebbe una redistribuzione della ricchezza, e la destra che, invece, difende il patrimonio dei più ricchi.

Ciò non giova all'Impero al comando che, per sedare i contrasti, è obbligato ad ulteriori dispendi economici, diminuendo il suo potere nei confronti delle potenze rivali esterne in ascesa.

Nel momento in cui il potere esterno diventa abbastanza forte, da poter competere con quello dominante, si verificano guerre.

Da queste guerre nascono nuovi vincitori e nuovi vinti, i nuovi vincitori si riuniscono per creare il nuovo ordine mondiale ed il ciclo ricomincia.

Se si guarda indietro alla storia, anche ben oltre i 500 anni, si può constatare che questo ciclo si è sempre ripetuto, così fino all'Impero romano.

È normale che sia così, nulla è per sempre ed il Mondo è un insieme di cicli, a partire dalla vita umana.

La nostra vita ne è l'esempio lampante, si nasce, si cresce, si raggiunge il massimo vigore con la gioventù, si raggiunge l'età della maturità e poi comincia la fase della debolezza, causata dalla vecchiaia, man mano che scorrono gli anni le malattie si fanno sempre più frequenti, la salute sempre più cagionevole ed il fisico sempre più logoro, fino a quando arriva il giorno della fine, ovvero la morte.

Nessuno di noi può prevedere a priori quanti anni può vivere una persona, ma si sa che la vita media è di 80 anni circa e, in base all'età, alle condizioni fisiche ed allo stile di vita, possiamo approssimativamente prevedere quanti anni possano rimanere da vivere a ciascuno di noi.

Ovviamente, questo discorso sui cicli può essere fatto anche a livello più generale o più ristretto, nelle rispettive nazioni, o anche a livello locale.

Così come la vita umana, anche sugli ordini mondiali, se impariamo ad analizzarli ed a leggerli, senza farci coinvolgere dalle opinioni politiche personali, possiamo stabilire a che punto possano essere e quanta vita possano avere davanti a loro.

La leadership americana, per esempio, risulta, attualmente

in una fase di netta sofferenza.

Gli Stati Uniti stanno spendendo più di quanto incassano, il mantenimento dell'Impero è sempre più dispendioso, negli ultimi 13 anni hanno stampato una quantità enorme di moneta, sono alle prese con frequenti disordini sociali e si sta affacciando un'altra superpotenza, la Cina, che la sta minacciando, sia a livello economico, sia militare.

Le tensioni, purtroppo, sono più che mai alte.

Scritto questo, non sono ancora così certo di un imminente cambio dell'Ordine Mondiale, anche se non lo escludo.

Tutti noi speriamo si possa scongiurare il pericolo di uno scontro militare tra le due superpotenze.

Scontro che non gioverebbe a nessuno, nemmeno a loro, ma se, nostro malgrado, dovesse esserci, così come non è sicura la vittoria, non è nemmeno sicura la sconfitta degli americani.

Il dollaro è inoltre ancora riserva di valore di quasi tutte le nazioni del Mondo e, nonostante negli ultimi 100 anni abbia perso circa il 95% del suo valore, è ancora molto forte e non è ancora iniziata (anche se prima o poi sarà inevitabile), la corsa alla sua vendita.

LA FINE DEL DOLLARO

Datemi pure del disfattista ma, da come ho intitolato il paragrafo, si può ben intuire come la penso.

Sia ben chiaro, non dico che la fine del dollaro sia imminente, l'ho già scritto qualche riga fa, ma penso altresì sia inevitabile.

In poco più di cent'anni, ha perso circa il 95% del suo valore, quindi, la mia domanda, non è se, ma quando accadrà, quanti anni ci separano dalla perdita del restante 5?

Il passato recente (qui rimarco a tinte forti l'importanza della storia) ci insegna due termini molto importanti, anche se alquanto noiosi, ma che sono tutto per noi umani: allentamento quantitativo (oggi chiamato, anche qui in Italia, nel termine più cool "Quantitative Easing") e sistema aureo negli accordi, datati 1944, di Bretton Woods.

L'allentamento quantitativo, altro non è che stampa di nuova moneta.

Non stento a credere che venga chiamato appositamente in quel modo per creare maggiori difficoltà di comprensione, nei confronti della popolazione.

Faccio un banale esempio per spiegare meglio.

Ipotizziamo, per assurdo, che un tale si trovi in difficoltà finanziarie e che si metta a stampare denaro di nascosto nella sua cantina, è evidente che, non appena venisse scoperto, verrebbe immediatamente arrestato.

Il governo centrale fa cose molto simili ma, a nostra differenza, è abilitato a farlo e nessuno dice nulla, tuttavia risulta ora più facile comprendere quando i governi fanno stampare denaro.

Lo fanno quando si trovano nel mezzo di una crisi economica, o ad affrontare un evento eccezionale come la guerra.

Tengo a precisare che stampare denaro non è sempre sbagliato, a volte è necessario farlo, ma è altresì opportuno sottolineare che, ogni volta che avviene una stampa di moneta, classi meno abbienti e classe media si impoveriscono, a beneficio di quelle più ricche.

La stampa di denaro ne uccide il suo valore, aumenta tasse ed inflazione e diminuisce la ricchezza delle persone.

La ricchezza delle persone, viene letteralmente "rubata" dall'inflazione.

Chi ne risente maggiormente, a mio avviso, è la classe media, la quale si ritrova in possesso di denaro che, improvvisamente, vale meno.

Denaro che, per ottenerlo, ha lavorato sodo, sacrificando buona parte delle sue giornate, per anni.

L'eccessiva stampa di denaro è un trucchetto subdolo, usato da secoli dai governanti, nulla è più spaventoso, ha sempre portato disastri e non ho trovato un solo evento nella quale abbia giovato alla popolazione, portando prosperità a lungo termine.

Credo solo in ciò che vedo, e le mie ricerche dicono che l'eccessiva stampa ha portato solo gente povera e grandi governi populisti, guidati da leggi politiche senza alcuna strategia economica.

Basterebbero i soli esempi recenti, quelli del ventesimo secolo, per dimostrarlo.

Accadde in Germania. dopo la prima guerra mondiale, quando si stampò tantissimo denaro per fronteggiare le alte spese sostenute durante la guerra, appena conclusasi con la sua sconfitta.

Questa portò velocemente ad un'iperinflazione, tale da ridurre in estrema povertà perfino chi, solo pochi anni prima, era milionario, ne conseguì un malumore sempre più insopportabile tra la popolazione e che, alla fine, sfociò con l'elezione di Hitler cancelliere nel 1933.

Tutti sappiamo come andò poi a finire.

È storia più recente quella dei danni causati dall'inflazione all'Inghilterra, la quale stampò grosse quantità di sterline per fronteggiare la seconda guerra mondiale e che, nonostante la vittoria, la vide perdere il suo dominio a favore degli americani.

Sono, invece, storia moderna i disastri creati dall'inflazione, negli anni 90, nello Zimbabwe di Mugabe, e negli anni 2000 in Venezuela, da quando al potere siede Maduro, è d'attualità il disastro che si sta vivendo nella Turchia di Erdogan.

Anche la storia non moderna, tuttavia, dice la stessa cosa.

Perfino i romani ebbero un comportamento simile, quando dovevano affrontare dei conflitti ricorrevano alla tosatura ed alla rivalutazione della moneta, aggiungendo uno zero ad una moneta che valeva uno e che, magicamente, si era ritrovata a valere dieci.

Anche in quel caso ne derivò iperinflazione ed aumento delle tasse.

La stampa esorbitante di moneta ha riguardato tutto il Mondo.

La fecero i romani, i tedeschi, gli inglesi ed i cinesi, l'hanno fatta in Zimbabwe, in Venezuela ed in Turchia, ed è finita sempre male.

Nell'ultimo biennio l'hanno fatta il governo degli Stati Uniti, per mano della FED e l'Unione Europea, per mano della BCE, mi riesce difficile pensare che possa andare diversamente.

I governi sembrano non imparare mai la lezione e, se posso giustificare almeno in parte i romani, visto che non avevano esempi precedenti, questo discorso non vale per gli altri.

Aveva ragione Einstein in una delle sue tante citazioni, quando disse "La follia sta nel fare sempre la stessa cosa aspettandosi risultati diversi".

Per quanto riguarda il sistema aureo stabilito negli accordi di Bretton Woods, questi stabilivano un legame tra il dollaro americano (moneta riconosciuta come principale) e l'oro ad un tasso di cambio fisso, questo significava che, per ogni dollaro in circolazione, doveva esserci la stessa quantità di oro nella riserva.

Il dovere e la promessa, da parte del governo americano, includeva di non stampare nuova moneta senza aumentare la riserva aurea.

La promessa venne presto a meno ed il presidente Nixon lo disse chiaramente nel 1971, interrompendo temporaneamente l'accordo, un'interruzione che sta durando da oltre 50 anni e che non finirà mai.

Slegato dall'oro, il denaro divenne del tutto strumento di governo e politici.

Dal 1971 gli Stati Uniti hanno eseguito ben tre allentamenti quantitativi, ed ogni volta la situazione è sempre peggiorata.

Invito, a tal proposito, il lettore a concentrarsi su questi sei fattori.

Per il primo, mi ricollego su quanto scritto ad inizio paragrafo, inerente l'argomento perdita del dollaro, quasi totale, riscontrata in poco più di cent'anni, questo non può che rendere la vita impossibile a colui che lavora per guadagnare soldi.

A ciò aggiungo, come secondo fattore, il livello molto alto raggiunto dai buoni pasto, creati inizialmente dai governi come scopo di sostentamento, verso coloro che non disponevano di un salario sufficiente per vivere dignitosamente.

Terzo fattore, l'assottigliamento della classe media ed il divario, sempre più ampio, tra ricco e povero.

Quarto fattore, la riduzione costante nelle grammature dei prodotti, presenti sugli scaffali dei supermercati.

Quinto fattore, il prezzo delle azioni e degli immobili, nel lungo termine in costante ascesa.

Sesto fattore, l'interesse sui risparmi, ora in leggera crescita, ma che, nel lungo termine, si sta abbassando, avvicinandosi sempre più allo zero.

È inevitabile che sia così, il denaro, presente nel Mondo, è così tanto che alle Banche non interessano più i nostri soldi.

Questi fattori si sono presentati prima in America, ma poi hanno coinvolto e stanno coinvolgendo tutto il Mondo e non può essere diversamente.

Il dollaro americano è moneta detenuta come riserva in tutti i Paesi e, se crollassero gli Stati Uniti, crollerebbero tutti.

Un altro pericolo è dato dal fatto che, quasi tutte le valute mondiali, sono valute legali, quindi sono solo carta senza sottostante e la storia dimostra che, col tempo, tutte le valute legali sono destinate a tornare al loro reale valore, cioè zero!

Non esiste alcun precedente storico che dimostri il contrario, che tutto ciò non possa accadere anche alle attuali valute, tra le quali il dollaro!

Stesso discorso vale anche per l'Euro, su cui non scrivo un capitolo in materia solo perché non è moneta riconosciuta come riserva mondiale.

A differenza del dollaro, però, il nostro Euro, potrebbe avere un'agonia molto più rapida e breve.

Dal 2006, anno dei suoi massimi, ad oggi, il cambio eur/usd è passato da 1,6 ad un valore addirittura sotto la parità, fatto registrare nel mese di agosto del 2022.

Negli ultimi mesi ha ripreso un po' di vigore, ma il perigeo

di questo ventunesimo secolo, toccato ad agosto, è stato
spaventoso, in quanto ha fatto registrare forti perdite nei
confronti del dollaro e di tante altre monete, tipo lo yuan cinese ed il rublo per esempio, ma anche nei confronti di monete utilizzate da Paesi molto poveri, per fare un esempio
dal soles peruviano (passato dal valore di 21 cent. di agosto
2021 a 26 cent.di agosto 2022).

3. LA POLITICA ITALIANA

SE L'EUROPA È MESSA MALE,
L'ITALIA STA ANCHE PEGGIO!

Che l'unione europea, creata sulla carta dall'adozione dell'Euro come moneta, in realtà non ci sia mai stata, è fuori da ogni discussione.

Tale situazione si è acuita durante le ultime vicende, relative alla guerra tra Russia ed Ucraina, e che hanno, inevitabilmente, coinvolto le due superpotenze: Stati Uniti e Cina.

Per il momento solo con incomprensioni diplomatiche ma che, di conseguenza, hanno influito su tutto il Mondo.

L'Europa, conseguentemente alla sua povertà di materie prime, ne sta uscendo più indebolita di tutti, ed eccezione non viene fatta per l'Italia.

Il nostro è, anzi, uno degli Stati messi peggio e la situazione è ancora in divenire.

Le decisioni non vengono più prese dai governi politici dei Paesi, poteva essere così qualche decennio fa, ma ora, in ambito economico, viene tutto deciso dalle banche centrali e dai grandi colossi economici e finanziari.

I governi politici sono nelle mani delle grandi lobby che decidono.

Quello che rimane alla politica è solo mera gestione e, contestualmente all'Italia, non so se dire purtroppo o fortunatamente, visto il suo pessimo lavoro.

Molte delle persone che vanno a votare, purtroppo, si illudono ingenuamente di decidere il proprio futuro e così, teoricamente, dovrebbe essere, ma la realtà è ben differente.

Non pretendo da un punto di vista decisionale, ormai appannaggio dei grossi colossi, ma se non altro a livello gestionale, sarebbe interesse, per il Paese, che le forze politiche al governo fossero compatte, non frammentate e composte da soggetti che litigano in continuazione, facendo cadere i governi dopo un breve lasso di tempo.

Il populismo, già citato precedentemente, è la tecnica utilizzata, tramite la raccolta di dati, in campagna elettorale.

Quante volte i politici hanno fatto promesse non mantenute? Nel tempo ne ho sentite!

La gente tende a dimenticare ed io non faccio eccezione, ma è bastata una veloce ripassata sul recente passato, per farmene tornare molte in mente, ne cito solo alcune:

- Uscire dall'Euro e niente più povertà grazie al Reddito di cittadinanza;
- Abolire il bollo auto e pensioni minime a 1000 euro;
- Abolire il canone Rai;
- Abolire le accise sul carburante;
- Faremo il ponte sullo stretto;

A molti di voi, nel leggerle, saranno tornate in mente e probabilmente si ricorderanno anche i relativi autori che non ho volutamente citato.

Tutte promesse cadute nel dimenticatoio ad elezioni ultimate e politici che, spesso, pur di insediarsi al comando e mantenere la poltrona, si sono alleati anche con i più acerrimi nemici, sputando letteralmente in faccia al loro elettorato, spettatore di un tristissimo epilogo, vedendo il proprio rappresentante, su cui riponeva speranza e fiducia, coalizzarsi con partiti che non avrebbero mai votato, nemmeno sotto tortura.

Giochetti subdoli che hanno generato solo governi deboli e dalla vita breve.

Giusto per dare qualche numero, in Italia, negli ultimi 30 anni, si sono susseguiti ben 17 presidenti del consiglio, contro i 5 della Spagna, gli 8 dell'Inghilterra ed i 4 della Germania, eppure sarebbero proprio le riforme di lungo periodo, quelle che nei Paesi appena citati fanno, le uniche che funzionano.

Fino a pochi giorni dalle elezioni politiche, mi sono seriamente chiesto se non sarebbe stato forse più giusto essere realisti, manifestando il malcontento con l'astensione dal voto, visto che, mantenendo questa classe politica, negli ultimi decenni, l'Italia non ha fatto che peggiorare.

Non lo dico io ma lo dicono i numeri, **tra i Paesi OCSE siamo all'ultimo posto sulla crescita dei salari medi, nonché il Paese con il peggior sistema fiscale, nonostante ciò, abbiamo il costo della politica più alto d'Europa (strapagati per far male il loro mestiere).**

Questo succede perché siamo in mano ad incapaci, tutta gentaglia a cui non importa nulla delle sorti del nostro Paese.

L'alto numero dei partiti politici, presentatisi proprio alle ultime elezioni politiche, ne sono stata la triste prova.

Lì in mezzo solo gente che cercava una poltrona dove sedersi per i prossimi quattro anni e conquistarsi il lauto vitalizio.

Quasi nessuno ci fa caso, ma è impressionante come i politici, quando si presentano davanti ai canali di diffusione, si ergono competenti in tutto, in economia, in legge, in ambiente e via discorrendo.

Un incredibile numero di argomentazioni che, per conoscerle tutte, anche solo superficialmente, bisognerebbe possedere una vastissima cultura, ed in fin dei conti così sarebbe giusto, visto che si candidano a guidare un Paese.

Eppure poi, analizzandone i curricula, si scopre che molti di loro (sempre senza fare nomi) non sono nemmeno laureati, strano vero? Ora capisco molte cose e stendo un velo pietoso.

I cittadini pensano di votare persone serie e competenti, invece votano soggetti che nemmeno sanno quel che dicono, il cui mestiere sembra esser quello di imbonire le masse e raggirare le persone.

Piovono promesse a vanvera, beneficiando delle continue distrazioni propinate da un Sistema che, così facendo, impedisce ai più, soprattutto alle menti più deboli, di ricordare e di ragionare nel medio/lungo termine, ma solo con l'impulso del momento.

Promesse impossibili da mantenere e che, puntualmente, non manterranno, ma intanto, quello che

volevano da noi, ovvero il voto, l'hanno ottenuto e se anche dopo quattro anni, fortuna volesse, venissero rimossi dall'incarico, potranno comunque godere dell'immeritato vitalizio, vivendo sulle nostre spalle per tutta la vita senza far più nulla.

I POLITICI SONO LO SPECCHIO DELLE PERSONE CHE RAPPRESENTANO?

Che il lavoro dei nostri politici, in questi anni, abbia lasciato a desiderare, è indubbio, tanto che nel precedente paragrafo ho espresso malcontento verso la nostra classe dirigente in questione ed ho anche preso in considerazione il "non voto" come forma di protesta.

Ritengo, però, giusto sottolineare che, la classe politica in nostra rappresentanza, non è altro che lo specchio di noi cittadini.

Mi spiego meglio, esprimere protesta verso una classe politica che ha catapultato il nostro Paese all'ultimo posto, tra i Paesi OCSE, sia come crescita di salari medi, sia come peggior sistema fiscale, è più che doveroso, ma la domanda che mi faccio è: "La gente lo sa? Quando si lamenta, protesta per questo? O vuole altro? Se si, cosa?"

Chiedo questo perché se il desiderio del cittadino fosse un reddito di mantenimento, un bonus, un incentivo o qualsiasi altra forma di assistenzialismo, anche se potrebbe farne a meno, allora il cittadino stesso è parte del problema.

So che questa frase scritta può creare antipatie nei miei confronti, ma l'obiettivo del mio lavoro è di rendermi utile, non di essere simpatico.

Il politico in questione, infatti, per essere eletto, deve fare delle promesse e, per essere rieletto, ne deve mantenere almeno una parte (solitamente, quelle che mantiene, sono proprio quelle che non dovrebbe).

Dagli anni '80 ad oggi, sono stato triste spettatore di quelle promesse mantenute senza il minimo costrutto, le quali miravano e mirano ad un beneficio, seppur modesto, nel brevissimo termine, ma che nel medio-lungo periodo si stanno già pagando e si pagheranno a caro prezzo.

Baby pensioni, redditi di cittadinanza, pensioni sociali e d'invalidità erogate con leggerezza, spesso a persone che non le meritavano, tanto per fare qualche esempio, unite ad altre forme di assistenzialismo, hanno creato una voragine infinita.

Un debito pubblico che, probabilmente, non riusciremo più a ripagare e che ci ha proiettato nelle primissime posizioni, a livello mondiale, della tristissima classifica su chi ha il peggior rapporto tra debito e Pil, ed al secondo posto a livello europeo, dietro solo alla Grecia.

Un debito pubblico che non solo è enorme, ma anche cattivo, visto che non è servito minimamente a rilanciare l'economia.

La nostra crescita è ferma da anni.

Il nostro, oltretutto, è anche un paese anziano, dove solo 25 milioni di abitanti, sui 60 totali, lavorano.

Giusto per precisare, trattasi di un 41.66%, un numero decisamente inferiore alla metà, che sta contribuendo alle casse del Paese e che deve supportare il restante 58.34% che non lavora.

Inutile nascondersi dietro a un dito e, come già sottolineato nel mio precedente libro **Bitcoin! Il prezzo della libertà**, noi italiani, è da diversi decenni che ci stiamo facendo comprare con l'assistenzialismo.

Questo perché buona parte delle persone che si reca alle urne, pensa di votare il politico che può dargli il piccolo beneficio, ovviamente a spese di altre persone, senza pensare ad un'eventuale crescita economica che porterebbe benessere negli anni a venire, per la sua vecchiaia, per i suoi figli, per i suoi nipoti e per tutta la società.

Quante persone, in questi ultimi quarant'anni, quando si sono presentate innanzi le urne, prima di votare il politico di turno che prometteva aiuti, si sono chieste da dove avrebbe potuto procurarseli questi soldi?

Solo due sono i modi per procurarseli: o aumentando il debito pubblico, o tagliando da altre parti.

Solitamente viene scelta la prima strada, quella del debito pubblico, apparentemente indolore nel breve termine, ma è anche la più dannosa in chiave futura (il problema, intanto, viene rimbalzato al politico che succederà).

È la strada più semplice, ma anche quella dalle conseguenze più atroci, in quanto potrebbe vedere condannare anche i propri cari più giovani a lavorare molti più anni, per poi raggiungere la pensione, qualora ce la facciano, in tardissima età.

La seconda, quella del taglio in altri settori, è la meno peggiore, perché non dannosa in chiave futura, ma è comunque immorale, in quanto, per dar beneficio, spesso immeritato, ad una categoria di persone, ne deve inesorabilmente pagare il dazio, spesso immeritatamente, un'altra.

LA GIUSTA POLITICA ESISTE?

Questa domanda me la faccio da sempre, ho una mia opinione in materia, come del resto anche tu e tutti gli altri.

Tempo fa scrissi anche un articolo sul mio blog **scrittori che passione** riguardante l'argomento, che in questo paragrafo riprenderò, utilizzandone gli stessi esempi.

Ognuno di noi, infatti, ha un suo metro di giustizia, ed è un metro soggettivo.

Se chiedessi, per assurdo, a mille persone, ognuna di loro darebbe opinioni diverse, forse alcune simili, ma non in accordo su tutto.

Il giusto, considerato da ciascuno di noi, non è altro che una media tra la storia della nostra vita vissuta, dell'educazione ricevuta, delle nostre ideologie politiche e, ultimo ma non ultimo, anzi soprattutto, della tutela dei nostri interessi.

Gli interessi differiscono da persona a persona, ma i desideri no, convogliano tutti nella stessa direzione, che è inevitabilmente una: i soldi!

Chi dice che i soldi non contano, o è sprovveduto o in malafede.

I soldi sono stati motivo di tutte le guerre passate e lo saranno anche di quelle future.

Così come nell'articolo sul mio blog, racconto di un sogno fatto negli ultimi tempi, in cui i protagonisti sono i quattro personaggi di **Un taxi per il paradiso**, il libro scritto a quattro mani con Giuseppe Santabarbara:

Fan, Falco, Montecristo e Preciso.

I personaggi li avevo rivisti in un mondo parallelo, avevano mantenuto lo stesso status sociale e si conoscevano, ma non erano amici per la pelle, ognuno faceva la sua vita e pensava agli affari propri.

Falco, il personaggio ricco, era un uomo d'affari vincente, aveva creato un ristorante che, nel tempo, aveva catturato sempre più clienti, aveva assunto diversi dipendenti ed investito molto bene il suo denaro, particolarmente in immobili.

Aveva comprato diversi garage che locava in affitto.

Montecristo era un consulente inquadrato a partita iva, lavorava duro e prestava la sua opera al servizio di multinazionali, ogni prestazione da lui svolta era rigorosamente fatturata.

Preciso lavorava come magazziniere presso un supermercato.

Fan era un filosofo disoccupato che tirava a fine mese grazie al reddito di cittadinanza, passando le giornate ad oziare al bar.

Falco guadagnava veramente tanto e, di conseguenza, pagava oltre 150 mila euro di imposte all'anno.

Montecristo ne versava circa 25000, mentre Preciso, che godeva di una RAL assai più modesta, più o meno 6000.

Fan non versava nulla, piuttosto incassava il suo obolo di mantenimento.

Sia il Montecristo che il Preciso erano molto arrabbiati con il Fan, lo consideravano un parassita e ritenevano ingiusto doverlo mantenere con i loro soldi, sempre più tassati.

Non appena lo vedevano seduto sullo scranno del bar a dondolarsi, con la pipa in bocca ed il libro in mano, andavano su tutte le furie, pensavano alla parte del loro preziosissimo tempo sacrificato sul lavoro per lui.

Erano anche un po' arrabbiati con il Falco perché, se è vero che pagava tantissimo d'imposta, non versava proprio tutto come doveva e, a differenza loro, a cui veniva tassato ogni centesimo, qualche volta faceva il furbetto.

Arrivati a questo punto, come dar loro torto?

Il problema è che la gente tende ad essere verginella quando guarda gli altri, mentre è più garantista con se stessa.

Montecristo, ad esempio, disponeva di un buon reddito, non era ricco ma benestante, poteva permettersi un po' di sfizi e se li permetteva, era infatti un cliente fisso al ristorante del Falco.

Ci andava tutti i venerdì sera con la tipa e, avendo preso confidenza col titolare ed essendo impossibilitato a scaricare dalle tasse la cenetta romantica, aveva iniziato a proporgli di non fargli lo scontrino, in cambio di un cospicuo arrotondamento del conto al ribasso.

Montecristo esprimeva da sempre ideologie pure, volte a risolvere i problemi della nazione, ma non si rendeva conto che era proprio la sua condotta il problema.

Preciso, invece, percependo uno stipendio assai più modesto, al ristorante non ci andava mai, ma conosceva il Falco perché aveva preso in affitto un suo box, per metterci macchina e motorino.

Il contratto di locazione parlava chiaro, 150 euro mensili, tanti per il Preciso e pochi per il Falco che, non essendo il garage in questione pertinenziale, non poteva avvalersi del regime di cedolare secca, ma doveva metterli a reddito, rendendo più complicata la sua contabilità oltre che pagarci un bel po' di soldi in imposte.

Col tempo nota che il Preciso è una persona perbene ed affidabile, quindi, appena scade il vecchio contratto, gli propone di continuare il rapporto "alla buona" e senza sbattimenti, chiedendogli in cambio, solo 100 euro mensili, un affare!

Preciso è contento di risparmiare 50 euro al mese, in un anno sono ben 600, più o meno mezza mensilità netta per lui, mica bruscolini, accetta di buon grado ed anche la sua condotta diventa un problema per un Paese già in difficoltà.

Il Fan era spettatore silenzioso, scuoteva il capo e si indignava, ma non faceva altro che passare le giornate a dondolarsi sulla sedia del bar, fumando la pipa e sorseggiando la grappa acquistata con i soldi "guadagnati" col suo reddito di cittadinanza, continuando a leggere libri di filosofia.

Suo bersaglio preferito era il Falco, colpevole di aver creato un esercizio profittevole e di essere schifosamente ricco, per questo doveva pagare molte più imposte, il 70% e, se necessario, anche l'80% dei suoi guadagni, per consentire a tutte le persone senza lavoro di avere un reddito sociale ed una casa popolare dignitosa.

Gli risultava scandaloso di come lo Stato non lo controllasse con più insistenza.

Falco, invece, si sentiva oppresso dalle imposte che arrivavano a rasentare il 50% dei suoi profitti; le considerava una rapina legalizzata da parte di uno Stato nemico degli imprenditori e benevolo con i pelandroni come il Fan, i quali non facevano altro che poltrire, giocando a fare gli intellettuali, rispolverando le citazioni marxiste e rimpiangendo Lenin e Togliatti.

Imposte e tasse erano il suo incubo, mentre i mantenuti i suoi peggiori nemici.

Da questo momento avrebbe fatto di tutto per pagare il meno possibile, ricorrendo anche a mezzi illeciti se necessario.

Non avrebbe mai più permesso allo Stato di espropriare i suoi beni, per dare ristoro a quei quattro inutili cialtroni.

La situazione si faceva sempre più complicata, lo Stato, incassando meno, alzava tasse ed imposte per recuperare un po' di liquidità, cercando di ovviare all'evasione con l'oppressione e, chi poteva, ovviava all'oppressione con l'evasione.

I controlli si facevano sempre più serrati.

Nella parte conclusiva del sogno entrava una quinta persona, il finanziere, che faceva sempre più spesso visita al Falco.

Al Fan tutto ciò non bastava, se ne stava seduto a scuotere

la testa e a chiedersi dove saremmo finiti, ma senza alzare mai il culo da quella fottutissima sedia.

Il Falco odiava il Fan per la sua inettitudine, ed il finanziere per la continua oppressione.

Il Fan odiava il Falco per la sua condotta disonesta, ed il finanziere per l'eccessiva morbidezza nei controlli.

Il finanziere odiava il Falco per i suoi continui tentativi di ingannarlo, ma anche il Fan che stava lì a giudicare senza muovere un dito.

Stabilire chi avesse ragione, tra questi cinque personaggi, è utopico, in realtà sbagliavano tutti, chi più o chi meno è soggettivo, ognuno ha il suo modo di vedere le cose.

Tutti e cinque i personaggi erano completamente diversi l'uno dall'altro, in particolar modo i tre protagonisti della parte finale, divisi in tutto, da destini radicalmente opposti, ma uniti, però, da un unico desiderio: i soldi del Falco.

4. DIVENTARE INTRAPRENDENTI

CULTURA FINANZIARIA TABÙ NELLE SCUOLE

Nelle scuole non viene insegnato nulla sul denaro e, alla cultura accademica, non viene accompagnata quella finanziaria. Non so se tutto ciò sia voluto o meno ma, essendo un malfidente di natura, personalmente, penso sia più probabile la prima ipotesi.

Avete presente la famosa frase del noto politico del passato Giulio Andreotti?

La frase è la seguente: *"A pensar male si fa peccato, ma ci si azzecca sempre"*.

Così come quella storica di Sandro Pertini, che mi ha accompagnato per tutta la vita e mi sta tutt'ora accompagnando, non so se a torto o a ragione, anche questa fa parte del mio essere.

La scuola italiana andrebbe completamente riformata, non è solo una mia opinione, ma anche la realtà dei fatti.

Come la andrei a reimpostare, lo spiegherò in uno dei prossimi capitoli, anche se è ovvio che la mia sarà un'idea utopica ed irrealizzabile, ma che ha una sua spiegazione logica.

Tutto ciò che è logico andrebbe preso in considerazione, se non totalmente anche solo in parte.

Ma la totale mancanza, nelle scuole elementari e medie, di una materia che educhi l'alunno finanziariamente, la trovo assolutamente scandalosa, anche se me ne sono accorto solo in questi ultimi anni.

Se una riforma totale potrebbe essere un lavoro lungo che richiederebbe anni, almeno l'introduzione della materia "educazione finanziaria" sarebbe da inserire in immediato, se non altro nelle scuole medie.

Negli anni Novanta, solo negli istituti superiori tecnici compariva una timida, quanto inutile, presenza di una materia chiamata economia, la quale accennava a malapena le teorie di qualche economista ma che, a livello pratico, non serviva a nulla.

Vedendo i giovani attuali capisco che, anche oggi, non dovrebbe essere molto diverso da allora.

Educazione finanziaria e Storia, invece, dovrebbero essere due delle materie più importanti, se non le più importanti, al pari di Italiano e Matematica.

Il destino di tutti noi è lavorare, per quale motivo? Per uno stipendio (quindi per soldi).

Veniamo formati e preparati per questo, per dedicare una vita intera a meritarci un guadagno di denaro mensile, perché non ci è mai stato insegnato anche come investirlo e farlo fruttare nel migliore dei modi?

Eppure è risaputo che gli interessi erogati, tenendo fermi i soldi in conto corrente bancario, sono da sempre inferiori all'inflazione.

Investire dovrebbe essere considerato un mestiere, perché non è mai stato insegnato all'alunno come farlo?

Perché, a parte rare occasioni, nessun accenno su Bot,BTP, fondi comuni, obbligazioni ed azioni?

Cosa sono le cedole? Cosa sono i dividendi?

Perché non è mai stato insegnato nulla sui beni rifugio, in particolar modo sull'oro?

Perché, almeno ai miei tempi, venivano forzatamente imposte poesie da imparare a memoria, di scrittori passati, anziché lasciare libero lo studente, qualora l'avesse voluto, di andarsele a leggere di sua spontanea volontà?

Perché se rispondevo che, per me, quel modo di studiare non era produttivo, non solo mi prendevo del somaro ma, in aggiunta, anche un brutto voto ed una nota sul diario da far firmare ai genitori?

In fin dei conti, la mia esternazione tanto infelice, consisteva solo nell'esprimere un'opinione personale!

Perché quel tempo buttato in inutili attività non è stato investito per educare gli studenti sul valore di immobili e terreni?

Il risultato è stato, nel migliore dei casi, quello di creare un esercito di persone colte da un punto di vista accademico, ma totalmente ignorante a livello finanziario.

Nel peggiore dei casi, un esercito di persone ignorante in tutto, oltre che demotivato.

Tutti noi, nel corso degli anni lavorativi, quando ci siamo ritrovati con un discreto gruzzolo da parte, ci siamo messi nelle mani dei consulenti bancari, chiedendo loro cosa fosse più indicato per noi.

Chi ci assicura che il consulente, così educato, affabile e simpatico, abbia realmente messo al primo posto i nostri interessi e non quelli della banca per la quale lavorava?

Si dice che la scuola serva per creare cittadini migliori e che sia nostro interesse frequentarla, non sto mettendo in discussione tutto ciò, ma siamo così sicuri sia un nostro interesse delegare la Banca sulle decisioni finanziarie del nostro portafoglio?

Decisioni, soprattutto quelle prese in giovane età, che potrebbero cambiare il corso della nostra vita!

Non è mia intenzione né, tanto meno, mia presunzione, ergermi a Ministro della pubblica istruzione, ma restando su ragionamenti di più facile comprensione, è indubbio che la scuola ci prepari ad essere dei buoni dipendenti.

Chi, dopo le scuole medie, dovesse intraprendere il cammino delle scuole professionali, viene teoricamente formato ed indirizzato ad essere un operaio specializzato, un impiegato specializzato chi intraprende un indirizzo tecnico, mentre un manager o un dirigente chi dovesse intraprendere gli studi liceali, per poi continuare ed affrontare gli studi universitari.

CHI È EDUCATO E FORMATO PER ESSERE IMPRENDITORE?

Eppure le piccole aziende sono la spina dorsale del nostro Paese. Avremmo bisogno come il pane di giovani italiani indipendenti, intraprendenti e con spirito creativo, che costruiscono nuove aziende e creino molti posti di lavoro.

Ne avremmo tanto bisogno, **a meno che l'obiettivo non sia quello di far sparire la piccola imprenditoria italiana, a beneficio delle multinazionali.**

Le grandi corporation, ormai potentissime lobby, hanno preso potere assoluto, decidono prezzi e contratti, mentre gli ex-studenti, catapultati nel mondo del lavoro, senza alcuna esperienza in materia e nessun allenamento ad inventarsi una soluzione, non hanno alcun potere e sono obbligati ad accettare quel che viene loro offerto.

Lo stipendio, ovviamente, non può che essere basso, ma siccome viene loro insegnato a trovarsi un posto fisso che, oltretutto, non esiste più (ma è nelle credenze di genitori e nonni che ci sia ancora) e, appena si sistemano, di formare una famiglia e di comprarsi una casa, questo fanno.

Essendo però lo stipendio insufficiente, non potrebbero permettersela, ed ecco che viene in aiuto la banca ad offrire un grosso prestito a basso tasso, chiamato mutuo, che può essere decennale, ventennale, trentennale e, negli ultimi tempi, persino quarantennale.

La banca presta senza problemi, in quanto ha la garanzia della proprietà, qualora il mutuatario non dovesse più riuscire a pagare.

Così facendo, l'acquisto della casa diventa più abbordabile per tanti, le vendite si alzano e, con esse, anche i prezzi.

Quella attuale, in Italia come altrove, è lo specchio della situazione da me appena descritta, ovvero, prezzi delle case alto, stipendi bassi e, soprattutto, un paese di persone indebitate, proprio come vuole il Sistema.

TIPOLOGIE DI REDDITO E TASSAZIONE

Solitamente le persone considerano come reddito solo quello derivato dal loro lavoro, sia esso da dipendente o autonomo.
È di tutta la classe politica italiana promuovere la tassazione a scaglioni, facendo altresì credere sia fatto per tu-

telare gli interessi dei più poveri, a scapito delle classi più abbienti.

Da un punto di vista tecnico, etico e morale, è un giusto ragionamento di fondo, ma in realtà non è così.

Tutto ciò ha, semplicemente, la triste finalità opportunistica di drenare liquidità alla classe media, ma quel che è peggio, è che sono tutti d'accordo, fanno finta di discutere, talvolta di litigare tra loro, per poi giungere alla fine a ciò che già si sono prefissati, ingannando tutti noi.

L'ignoranza finanziaria dei cittadini, data dalla scarsa conoscenza della matematica e delle informazioni, nonché dalla scarsa attitudine a ragionare sul lungo termine, è l'arma che utilizzano, ed ora ve lo provo grazie a due semplicissimi esempi.

Oltretutto, già da quest'anno, vista la situazione di estremo bisogno delle casse di Stato, anche i più poveri sono stati sonoramente tassati, anche se meno degli altri.

Vediamo insieme gli scaglioni per la tassazione annua IRPEF, in vigore dal 2022:
- fino a 15000 euro, il 23%;
- dai 15001 ai 28000 euro, il 25%;
- dai 28001 ai 50000 euro, il 35%;
- oltre i 50000 euro, il 43%

Non tutti sanno, però, che questa non è che una sola tipologia di reddito, chiamata reddito da lavoro o reddito attivo.

Esistono pertanto altre due tipologie di reddito: il reddito da portafoglio ed il reddito passivo.

Il reddito da portafoglio è il reddito che deriva dai propri investimenti; per esempio i dividendi di una determinata azione in possesso, le cedole di un'obbligazione in possesso, la plusvalenza (se ci dovesse essere) di una compravendita dell'azione e dell'obbligazione stessa.

Questo reddito ha una tassazione fissa del 26%, indipendentemente dal suo importo e, per quanto riguarda i titoli di Stato, addirittura del 12,5%.

Il reddito passivo, invece, è quello derivante dall'affitto di immobili, terreni,ecc...

Si chiamano passivi perchè sono totalmente automatici e a cadenza scritta nel contratto di locazione, solitamente mensile.

Per quanto riguarda la tassazione, sarebbero da mettere a reddito ma, per quanto riguarda l'affitto di appartamenti, ci si può avvalere al regime della cedolare secca che è del 21%.

Anche in questo caso, la tassazione del 21% sarebbe fissa, indipendentemente dal numero di appartamenti affittati e dal reddito realizzato.

È inutile sottolineare come, queste due ultime tipologie di reddito, siano a maggiore appannaggio delle classi più abbienti.

Riassumendo quanto appena scritto, il reddito totale di una persona fisica, è la somma di questi tre redditi: reddito attivo, reddito da portafoglio e reddito passivo.

La classe più ricca tende a sviluppare maggiore reddito, non dal lavoro, ma da quello dato dagli investimenti (reddito da portafoglio) e dagli affitti degli immobili (reddito passivo).

Non è da escludere, inoltre, che non lavori proprio, perché non ha convenienza a farlo e, di conseguenza, non abbia alcun reddito attivo, preferendo dedicare il proprio tempo alla gestione degli altri due.

La classe operaia e la classe media, invece, sviluppa solitamente la quasi totalità, se non il 100%, del proprio reddito annuo con il lavoro, quindi grazie al reddito attivo.

Ed eccoci ai due esempi promessi poche righe fa. Ipotizziamo, per assurdo, il confronto tra un alto dirigente, proveniente da una modesta famiglia, che ha fatto da poco carriera ed un ragazzo di ricca famiglia che non lavora.

Sempre per assurdo, ipotizziamo che entrambi, nell'ultimo anno abbiano realizzato un reddito annuo lordo di 60000 euro.

Il dirigente gli ha realizzati solo ed esclusivamente con il suo duro lavoro.

Il ragazzo fortunato, proveniente dalla ricca famiglia, e a cui è stato dato tutto dai genitori, lo ha realizzato grazie al possesso di un portafoglio azionario di 200000 euro che gli ha fruttato 10000 euro in dividendi, al possesso di un porta-foglio obbligazionario equivalente ad un milione di euro che gli ha fruttato 30000 euro in cedole, al possesso di due monolocali, situati in un contesto cittadino signorile, che gli hanno fruttato 20000 euro.

Facciamo ora un rapido calcolo per stabilire quante imposte dovranno entrambi pagare, avendo lo stesso reddito lordo credo possiate immaginate che siano uguali per entrambi, ma così non è ed ora lo vedremo insieme:

-il dirigente fattosi da solo, dovrà versare all'Erario il 23% sui primi 15000 euro, equivalenti a 3450 euro; il 25% sui secondi 13000, equivalenti a 3250 euro; il 35% sui seguenti 22000, equivalenti a 7700 euro; il 43% sui restanti 10000, equivalenti a 4300 euro.

La somma totale dice che l'importo dell'imposta da versare ammonterà a 18700 euro, quindi a lui, sui 60000 iniziali, rimarranno 41300 euro.

Il ragazzo ricco invece pagherà il 26% sull'utile di 10000 euro realizzato grazie ai dividendi azionari, equivalente a 2600 euro; il 26% sull'utile di 30000 euro realizzato grazie alle cedole, equivalente a 7800 euro; il 21% (avvalendosi del regime della cedolare secca) sui 20000 euro realizzati dagli affitti, equivalenti a 4200 euro.

La somma totale dice che l'importo dell'imposta da versare sarà di 14600 euro, quindi, al ragazzo ricco, rimarranno 45400 euro, 4100 euro in più rispetto al dirigente che ha guadagnato quanto lui.

Qualcuno potrà obiettare che, in fin dei conti, la differenza non è poi così alta, percentualmente, il ricco si porterebbe a casa un 10% in più rispetto al dirigente, ma se un secondo esempio lo facessimo con redditi di 100000 euro lordi, la differenza aumenterebbe sensibilmente.

Il dirigente, ai 14400 d'imposta, da pagare sui primi 50000 euro, dovrà aggiungerne ulteriori 21500, per un'imposta totale di 35900 euro, portandosi a casa un netto di 64100 euro.

Il ragazzo ricco, invece, dovrà versare un'imposta che varia dai 21000 ai 26000 euro, a seconda degli investimenti.

Supponendo, per semplicità, un patrimonio bilanciato in egual modo, che gli porti un realizzo di 50000 euro dagli investimenti e 50000 euro dagli affitti, il ragazzo, dovrà versare allo Stato un'imposta di 13000 euro per i suoi redditi da portafoglio e di 10500 euro per i suoi redditi passivi, il totale, quindi, ammonterebbe a 23500 euro.

Ciò significa che, al netto delle imposte, quel che gli rimarrebbe in tasca sarebbe di 76500 euro, ben 13400 euro in più del dirigente che ha realizzato il suo stesso reddito lordo, equivalente al 20,90% in più, una bella differenza!

E, per di più, ottenuta senza fare nulla!

Ultimo particolare da non sottovalutare, ho ipotizzato, per il ricco, un utile di portafoglio ottenuto tramite azioni ed obbligazioni e non tramite titoli di Stato, altrimenti la tassazione sarebbe ancora più bassa!

Un'altra leva che viene utilizzata è l'invidia sociale, facendo credere che quei pochi lavoratori che dovessero godere di uno stipendio di 100000 euro, ma anche di 60000 euro annui, siano ricchi, ma chi lo è realmente, guadagna cifre ben più importanti e, come vi ho fatto vedere, in altro modo.

Per chi dovesse insistere sulla non validità di quanto da me appena scritto, sostenendo che 60000 euro annui siano comunque tanti (effettivamente ti permettono di vivere bene), rispondo che, se anche il dipendente restasse nella terza classe di reddito, guadagnandone 50000, subirebbe comunque una tassazione di 14400 euro, equivalenti al 28,8% medio sul totale importo, una tassazione, in proporzione, sempre superiore al reddito da portafoglio ed al reddito passivo.

È normale che sia così, chi fa le leggi è un politico e, in quanto tale, è ricco, indipendentemente dal suo schieramento, qualsiasi sia!

Questo è il semplice motivo che lo porterà a tutelare solo ed esclusivamente gli interessi dei ricchi, perché significa fare i suoi!

La soluzione? Già saperlo è importante! Avere l'informazione è già una base da cui partire.

Ora sai che esistono altre due categorie di reddito da poter aggiungere alla principale, è arrivato il momento di agire e l'azione è qualcosa che dipende solo da ognuno di noi.

RISPARMIO ED INVESTIMENTO

Nel libro precedente *Bitcoin! Il prezzo della libertà* scrissi un paragrafo intitolato *Il Sistema ci impedisce di diventare ricchi* e, nel paragrafo stesso, spiegai che lo fa tramite la tassazione a scaglioni ed il continuo invito al consumismo.

Entrambe hanno due finalità, drenare più liquidità possibile dai cittadini per farla confluire ai piani altissimi e, allo stesso momento, impedire alla classe borghese di crescere tanto da poter insidiare il dominio dei più ricchi.

Se però il Sistema lo si conosce, ci si può difendere e, addirittura, sfruttarlo a proprio vantaggio.

Già nel libro precedente avevo invitato a non spendere soldi nel gioco d'azzardo, facendo notare che, astenendosi dal giocare anche solo i 2 euro quotidiani al "gratta e vinci", si potesse tirar su un gruzzolo di oltre 700 euro in un anno, comunque 60 al mese.

Questo non è che un piccolo esempio, è ovvio che il risparmio dei due euro, legati al "gratta e vinci", non possa bastare ma, se sommati ad altri "non acquisti" non necessari, si può risparmiare molto.

Uno su tutti è legato all'auto.

Il suo acquisto ed il suo possesso costano molto, in IVA, in assicurazione, in bollo ed in carburante, poi nella manutenzione legata ai tagliandi, ai cambi gomme ed alla revisione.

Non possederla, non è però possibile per tutti, c'è chi è obbligato ad acquistarla e chi, ad averne anche due.

Ci sono però dei piccoli accorgimenti che, sommati l'uno all'altro, possono consentire discreti risparmi.

Prima di tutto, risparmiando sull'acquisto.

Al netto dell'attuale periodo, acquistando un'auto usata, hai un notevole risparmio, se non altro quello sull'IVA (nel caso acquistassi una a chilometri 0).

Un importo più contenuto può, inoltre, consentire l'acquisto immediato, versando l'intero importo in contanti, evitando di stipulare debiti, formato da fastidiose rate mensili maggiorate di interessi.

Per far ciò bisogna però rinunciare all'immagine, fregandosene del modello, del colore e del design, piuttosto tener conto del motore, bisogna entrare nell'ottica di considerare l'auto come veicolo per spostarsi da un punto A ad un punto B, solo ed esclusivamente per quello.

Se non si ha necessità di percorrere tanti chilometri, sarebbe opportuno scegliere una macchina di bassa cilindrata, costerà meno sia in bollo sia in assicurazione, oltre che nei consumi, proprio grazie a queste particolarità, oltretutto, questi tipi di autoveicoli, perdono minor valore nel tempo, particolare da tener sempre in considerazione, qualora l'auto non dovesse più servire e la si volesse rivendere.

Su una macchina piccola e che costa poco, anche se non condivido, si può ulteriormente risparmiare assicurandola solo lo stretto necessario (personalmente preferisco non lesinare in quel campo, mi fa stare più tranquillo proteggerla contro ogni evenienza).

Cosa che non si può fare su una macchina costosa comprata solo per impressionare gli altri, sarebbe infinitamente stupido spendere trenta o quaranta mila euro, magari tramite acquisto a rate, per poi assicurarla solo con l'RC perché si è rimasti in bolletta, ma non escludo che non ci sia chi lo faccia.

La macchina piccola costa meno anche in tagliandi e cambi gomme, mentre sulla revisione non si può intervenire, trattasi comunque di una spesa modica: attualmente, dopo gli ultimi aumenti, 80 euro circa ogni due anni.

Un secondo modo, riguardante l'utilizzo dell'auto, per risparmiare, è guidare piano, si può economizzare molto sia in carburante sia in manutenzione.

Una guida più compassata e senza strappi, ti consente un risparmio anche del 20% sul carburante, gomme e motore durano di più, oltre a consumare di meno, nel lungo termine si riducono anche spiacevoli imprevisti dati da rotture meccaniche, allungando la vita del veicolo.

Se tutti adottassero una guida più prudente si consumerebbe di meno, saremmo meno impattanti sull'ambiente e, ultimo ma non ultimo, si ridurrebbe la domanda di un bene (il carburante) e, di conseguenza, anche il suo prezzo, con aumento esponenziale del risparmio.

Una guida più prudente, inoltre, sul lungo termine, riduce notevolmente il rischio di incidenti, impattanti sull'incolumità fisica, oltre che economicamente.

Un altro metodo per risparmiare è la semplicità.

Cosa intendo quando parlo di semplicità?

Ad esempio astenendosi dallo shopping compulsivo, inutile riempire il guardaroba con abiti di marca che non indosseremo quasi mai, meglio acquistare il giusto e, anziché curare l'immagine per farsi notare dagli altri, guardare la bontà del materiale.

La semplicità vale anche per la casa, averne una troppo grande per le proprie esigenze ti fa solo diventare schiavo di essa, in particolar modo in questo periodo dove gas e luce costano tanto.

Una casa eccessivamente grande costa di più nell'arredarla e, a tal proposito, il mantenimento della sobrietà ti potrà consentire un risparmio, non solo in denaro ma anche in tempo.

Un numero eccessivo di inutili soprammobili, inoltre, non solo richiedono tempo da dedicare alla continua manutenzione, ma spesso rovinano anche l'estetica dell'ambiente se non si ha gusto nell'arredare, dando l'impressione di renderlo più piccolo e disordinato.

Risparmio di tempo e denaro, la casa piccola, lo dà anche nella pulizia.

Le case grandi sono anche maggiormente tassate, la Tari va in base ai metri quadri e, nel caso la casa stessa, venisse considerata lussuosa, si è anche soggetti al pagamento dell'IMU sulla prima casa.

Una tassa che non intacca minimamente chi è ricco, ma può far male a chi si atteggia tale, ma non lo è.

Già questi accorgimenti possono consentirti di risparmiare molto, senza impedirti piccoli sfizi come mangiar fuori, una serata al cinema, frequentare un corso di fitness, l'acquisto di alimenti più costosi ma estremamente proteici, come pesce e carne o, anche solo, il caffè al bar.

Sono contrario all'estrema rinuncia, è giusto godersi la vita, ma è giusto farlo vivendo al di sotto delle proprie possibilità e non al di sopra, dandosi un'organizzazione tale, non solo da poter pagare senza patemi mutuo o affitto e bollette, ma anche da avanzare qualcosa dal proprio stipendio mensile.

Una parte da potere risparmiare e l'altra, qualora si raggiungesse una sufficiente liquidità per far fronte agli imprevisti, da potere finalmente investire.

Ricordati sempre che la ricchezza non consiste nel numero di oggetti che puoi permetterti ed ostentare, ma nella capacità di far lavorare il tuo denaro per produrne altro.

LE REGOLE DEL DENARO

IL DENARO VA INVESTITO.

Questa regola è come se ti facesse banalmente considerare il denaro come un gioco, dal quale si può vincere o perdere.

Non fraintendermi, sono contro i giochi d'azzardo, e se c'è una cosa che non mi piace è giocare con esso.

Ma, come nel gioco, anche l'investimento è fondato su regole ed accadimenti che possono portarti ad una vittoria (il guadagno) o ad una sconfitta (la perdita), a dire il vero c'è anche una strada alternativa, quella del risparmio, destinato a guidarti verso un sicuro pareggio.

La conoscenza delle regole, nel lungo termine, è però quella che determina il tuo risultato finale. Qualora decidessi di investire, non puoi astenerti dal conoscerle e se non hai voglia di farlo, piuttosto, dirotta sul risparmio che ti garantirà tanti sicuri pareggi.

Delegare altri in questo compito è da pazzi, investire deve essere considerato un mestiere, anche se non si è ricchi, anzi, soprattutto se non lo si è, in quanto si decide di investire del capitale guadagnato dal sacrificio del proprio tempo e che, solo noi, sappiamo quanto ci sia costato.

La responsabilità di un'eventuale perdita non è da imputare ad altri, ma solo ed esclusivamente a noi stessi.

L'INVESTIMENTO VA SEMPRE DIVERSIFICATO.

Se è vero che lo scopo dell'investimento è la vittoria, è anche vero che, prima di tutto, per poter vincere, ancor prima che attaccare, bisogna sapersi difendere.

Non c'è nulla di più rischioso che puntare tutto su un singolo settore o, peggio ancora, su una singola azienda, visto che, nel malcapitato caso dovesse iniziare ad andare male, si rischierebbe di perdere tutto.

La diversificazione è sinonimo di protezione ed è l'abc dell'investimento, non si può prescindere da essa.

Quanto e come non mi è dato saperlo, ogni caso è a sé.

Essendo, la diversificazione, una strategia di protezione, la regola generale, da non considerare come dogma, dice che più si va avanti con gli anni e più va sviluppata, mentre chi è più giovane, avendo più anni a disposizione, può improntare i suoi investimenti su un portafoglio più aggressivo e dinamico.

NON LASCIARE CHE IL DENARO SI ANNOI.

Quando si dispone di un certo capitale in conto corrente (non intendo poche migliaia di euro, necessarie per fronteggiare eventuali imprevisti) non c'è niente di peggio che tenerli lì, immobilizzati.

Questo discorso, valido anche un paio d'anni fa, è rimarcabile a tinte ancor più forti proprio ora che stiamo affrontando un periodo di inflazione galoppante.

Se la situazione attuale dovesse andare ancora avanti, indugiare nel tener fermo il nostro capitale per paura di perdere, potrebbe veramente renderci spettatori di un triste epilogo, nel vedere come il nostro potere d'acquisto possa dimezzarsi in pochi anni. Se così fosse, sicuramente ti dispererai e darai tutta colpa ai potenti. Non discuto che non ne abbiano, ma sappi che la colpa sarà, in gran parte, tua.

Effettivamente, anche da giovani, abbiamo potuto godere di un gioco molto educativo, il Monopoli.

Sebbene sia un gioco dove anche la fortuna ricopre la sua importanza (è così anche nella vita reale), hai mai visto qualcuno vincere per essersi affidato solo alla buona sorte o, peggio ancora, per essersi astenuto dall'affrontare spese ingenti come la costruzione di case ed alberghi?

Forse sì nel primo caso, una o al massimo due volte, ma nel secondo caso mai (e poi, consentitemi un'esternazione poco ortodossa, "che palle giocare così!").

Solitamente ho sempre visto vincere le stesse persone, quelle che si prendevano rischi calcolati ed avevano una loro strategia. Così come in quel gioco, anche nell'investimento funziona, più o meno, allo stesso modo.

STUDIARE I MIGLIORI INVESTITORI

Warren Buffett e Ray Dalio sono i più celebri.
Non possiamo e non dobbiamo copiarli, anche perché di-

sponiamo di patrimoni ahimé ben differenti, ma prenderli come spunto non sarebbe una cattiva idea.

L'alternativa, sicuramente molto più comoda, può sempre essere nel chiedere consiglio all'amico, al cugino o al cognato, magari perennemente in bolletta e sempre senza un euro in tasca, ma non credo possa essere una buona idea.

Studiare i migliori richiede tempo e sforzo, così come recarsi sul posto di lavoro.

È faticoso, ma necessario e potrebbe magari rivelarsi quell'arma vincente che potrà consentirci un miglioramento nella nostra qualità della vita domani.

Guai ad essere pigri!

IL DENARO NON CAMBIA IN PEGGIO LE PERSONE

Il denaro, semplicemente, amplifica le caratteristiche delle persone, è come una lente d'ingrandimento.

Ne mostra la vera identità.

Nulla è più sincero e trasparente del denaro.

Hai visto qualcuno che, arricchendosi, ha perso in modestia e semplicità ed è diventato arrogante?

Allora sappi che arrogante lo è sempre stato e modesto e semplice non lo era nemmeno prima, solo non aveva le possibilità per mostrarsi tale.

Quanta gente conosci che critica i politici definendoli disonesti, ma poi appena ne hanno la possibilità, ricorrono alla furbata.

Pensi forse che se ci fossero loro, al posto dei politici attuali, si comporterebbero diversamente? Forse sì! In peggio!

IL DENARO NON VA ODIATO.

Questa regola si ricollega alla precedente.

Tramite i media si sentono certi filosofi, benpensanti, scagliarsi contro le persone ricche, non che abbiano sempre torto ma, quando lo fanno contro gli imprenditori, un po' mi spavento.

Tanta rabbia e tanto livore sembrano più figli dell'invidia che altro, anche perché non viene proposto dalle loro bocche mai nulla di costruttivo, ma solo di colpire la ricchezza di chi produce lavoro.

Cosa accadrebbe se, nel nostro povero Stato, venissero ascoltate le loro parole e si tassassero, in modo ancora più opprimente, le aziende?

Queste chiuderebbero, emigrando verso altri lidi, lasciando tutti noi senza lavoro ed in stato di indigenza.

Sono d'accordo sul prendere le distanze da quei buffoni che ostentano lusso, soprattutto durante i periodi di recessione ed alla faccia delle tante famiglie in difficoltà, ma odiare chi, con la sua ricchezza, sta producendo benessere anche per noi, è sinonimo di stupidità irreversibile.

IL DENARO NON VA SPESO PRIMA DI AVERLO GUADAGNATO.

Mai cedere alla vanità a scapito del buonsenso.

A mio avviso questa regola è talmente banale che non dovrebbe nemmeno esistere, eppure siamo pieni di episodi del genere.

Complice il Sistema che, tramite i canali media, colpisce tutti noi tramite una continua e precisa manipolazione mediatica, facendo particolarmente breccia sulle persone più deboli.

Essere vittime, scaricando poi la colpa sugli altri, è da perdenti, la responsabilità delle nostre azioni, nonostante tutto, è sempre e solo nostra.

Ricordo un conoscente che, disponendo di uno stipendio molto modesto, mi chiese, "Come posso comprarmi una BMW se guadagno solo mille euro al mese? Consigliami!"

"Semplice!" gli risposi io "non te la compri! Si può vivere benissimo anche senza! Per percorrere il tragitto da casa tua al lavoro non ti è necessaria, ti basta una piccola utilitaria usata"

Non fu una risposta soddisfacente per lui che si aspettava, a detta sua, gli risolvessi il problema.

Problema che, effettivamente, gli avevo risolto con il mio consiglio, chissà se l'avrà ascoltato.

Spendere più di quanto si guadagna per poter impressionare gli altri, oltre che stupido, è indizio di debolissima personalità.

È incredibile come si continui a non capire che, solo con il sacrificio di oggi, ovvero vivendo con lo stretto necessario ed accantonando mensilmente qualcosa in base alle proprie possibilità, poco o tanto che sia, per investire, si possano porre le basi per un futuro migliore.

IL DENARO VA ATTRATTO.

Lavorare su noi stessi, nelle competenze, nella reputazione e nella rete di conoscenze.

Se per migliorarsi bisogna fare dei corsi, non bisogna tirarsi indietro e vanno fatti, costi quel che costi, ne va del nostro valore sul mercato.

La conoscenza della lingua inglese, per esempio, sta diventando giorno per giorno sempre più necessaria e, non a caso, la considero una delle materie più importanti (insieme alle quattro già citate in precedenza), da insegnare assolutamente anche nelle scuole primarie.

È giusto che sia così? Mi fa piacere? Non esprimo alcun giudizio in materia perché non avrebbe alcuna utilità, mi limito semplicemente a riportare un dato di fatto oggettivo.

Non c'è un singolo giorno, ormai, che non capiti di imbattersi in almeno una persona che chieda informazioni in lingua inglese, e questo fenomeno è in continuo aumento.

Il mercato non ha opinioni, segue solo il trend evolutivo della società e, tra pochi anni, prevedo che la conoscenza, almeno basica, di questa lingua, possa essere ritenuta necessaria nello svolgimento di qualsiasi attività che preveda il contatto diretto col pubblico.

Non mi stupirei se, a breve, venisse richiesta come primo requisito anche nello svolgimento della mansione di cassiera nei supermercati.

INVESTIRE PRIMA IN TEMPO CHE IN DENARO.

La conoscenza prima di tutto, ed in internet, ora, se ne trova veramente tanta e, gran parte di questa, anche gratuitamente, non ci sono più scuse.

Se poi capitasse anche di spendere qualche euro nei libri, piuttosto che buttar via soldi in cose futili, non farebbe male.

IL DENARO NON RISOLVE TUTTI I PROBLEMI, RISOLVE SOLO QUELLI ECONOMICI.

I soldi non vanno inseguiti costi quel che costi, pensando che possano essere il mantra per risolvere tutti i nostri problemi.

Sicuramente la stabilità economica assicura serenità, ma non va di pari passo con la felicità.

Essere felici significa realizzarsi ed il denaro può aiutarci in questo, ma bisogna essere bravi a capire che la vita non consiste solo nell'accrescere ricchezza.

Troppo denaro potrebbe, piuttosto, essere causa di stress.

Metterlo al primo posto, vanificherebbe tutti i nostri sforzi fatti per produrne al fine di vivere meglio.

LA GESTIONE DEL DENARO È UNA METAFORA DELLA VITA.

Hai mai sentito il detto "Vivi e lascia vivere?" oppure "Vivi la tua vita".

Così, come per la vita, questo detto è più che mai valido anche per la gestione del denaro.

Le giuste regole vanno seguite perché ti danno una base, ma ognuno è un mondo a sé, con il proprio tenore di vita, le proprie aspirazioni, i propri piaceri e le proprie esigenze.

Mai guardare a specchio quello che fanno gli altri, tu sei tu e l'altro è l'altro.

Quel che può andar bene all'altro non può andar bene a te, è giusto prendere spunto dai migliori, ma mai copiarli a pappagallo.

SE SEI INTENZIONATO AD APRIRE UN'ATTIVITÀ, PENSA MOLTO ATTENTAMENTE PRIMA DI SCEGLIERTI UN EVENTUALE COLLABORATORE

Un'attività imprenditoriale altro non è che un investimento e, come tale, va considerato.

Trovarsi un socio può non essere la scelta opportuna e, qualora si dovesse decidere di averne o di aggiungerne, bisogna prima cercare di conoscerlo bene e verificare le sue competenze. Quando scrivo conoscerlo bene, non intendo che sia un amico.

Anzi, gli amici stretti o i coniugi è sempre meglio tenerli al di fuori, per evitare coinvolgimenti emotivi.

Mai scegliere un partner d'affari in base alla simpatia, il rischio di fallire è alto e, di conseguenza, di andare incontro ad ingenti perdite, sia in soldi sia in amicizie.

NON FARTI INFLUENZARE DAGLI EVENTI CASUALI

Le incredibili botte di sedere, così come le grandi sfortune, esistono da sempre e non si possono evitare.

Fanno però parte di quegli eventi aleatori che possono alterare le performance solo nel breve periodo, vanno messi sempre in preventivo, soprattutto i negativi, così da poterli assorbire senza eccessivi problemi, ma non devono mai essere motivo di cambi strategici.

LAVORARE DURO SERVE, MA È PIÙ IMPORTANTE LAVORARE INTELLIGENTEMENTE

A volte è necessario un passo indietro, per poi farne quattro avanti.

Che significa questa frase?

Supponiamo che tu stia svolgendo un lavoro che ti offre uno stipendio molto modesto, perché considerato dal mercato di basso valore.

Non fraintendermi, sto solo riportando un dato di fatto e non sto assolutamente dicendo che sia giusto, per me tutti gli stipendi molto modesti sono ingiusti, ma le regole non le faccio io, bensì il mercato.

Supponiamo altresì che tu, nonostante lavori tante ore, magari dieci al giorno, percepisca mille euro mensili, il fatto che tu lo svolga non è necessariamente sbagliato, se in quel preciso momento non hai alternative e ti serve uno stipendio, hai fatto la scelta giusta.

Ma se ti dovessero chiedere di fare ancora più straordinario, per esempio due ore in più al giorno, passando da 10 ore a 12 ore, a fronte di un compenso di mille e cento, sei sicuro che accettare sia la scelta giusta?

Probabilmente, non solo rifiutare di lavorare di più, ma, addirittura azzerare del tutto lo straordinario, lavorando solo le tue otto ore giornaliere, a fronte di un reddito ancora più basso, mettiamo novecento euro (compatibilmente con le tue esigenze), potrebbe rivelarsi la scelta migliore.

È vero che faresti un passo indietro nella retribuzione, ma avresti conquistato due ore in più di tempo prezioso, o per specializzarti in qualcosa o, anche solo, per cercare un'alternativa professionale migliore.

**ACCUMULARE DENARO AIUTA,
MA NON BASTA PER ESSERE RICCHI DENTRO**

Accumulare denaro è bene, ma solo se lo si considera al proprio servizio e non il contrario.

Molte persone, arricchendosi, rischiano di perdere lo scopo della vita e finiscono per vivere al servizio del denaro, nella costante paura di perderlo o, anche solo, di spenderlo.

Sono contro lo spreco e contro il consumismo, ma non bisogna nemmeno passare da un estremo all'altro, vivendo come dei miserabili pur avendone.

Il denaro è giusto farlo lavorare, ma per creare nuova ricchezza che sia al nostro servizio e non fine a se stessa, altrimenti non avrebbe proprio senso farlo e, se così fosse, tanto varrebbe spenderlo subito.

REDDITO: LE SUE POSSIBILI FONTI

La parola investire l'ho solo nominata, lungi da me scrivere in cosa e dove, non avendo il titolo per farlo, me ne astengo.

La maggioranza di noi, una volta raggiunta la maggiore età, è ritenuta abbastanza abile da capire quale sia il "buonsenso del buon padre di famiglia", ovvero, cosa sarebbe giusto fare. In teoria è così, ma lo sarebbe anche nella pratica!

Basterebbe solo ascoltare la propria coscienza e guardarsi allo specchio a fine giornata, per capire se si sta agendo come si dovrebbe oppure no.

Essendo però, l'investimento, una conseguenza del reddito ed avendone viste le tre tipologie, è evidente che, per aumentarlo, anche risparmiando legalmente da eccessive imposte e sfruttando al meglio il tempo a disposizione, al proprio reddito attivo, bisognerebbe lavorare, nei limiti del possibile, per aumentare anche gli altri due redditi, quello da portafoglio e quello passivo.

Vediamone insieme le fonti e su cosa, ognuno di noi, in base alla propria situazione, può lavorare.

Ciascuna delle tre tipologie è ottenibile da una o più fonti di microredditi o d'entrata.

Il reddito attivo è formato dal reddito da lavoro, dal reddito da profitto e dal reddito da royalty.

Il reddito da portafoglio è formato dal reddito da dividendi, dal reddito da plusvalenze e dal reddito da interessi.

Il reddito passivo è formato dal reddito da affitti e dal reddito residuo.

Vediamoli uno ad uno nello specifico.

REDDITO ATTIVO

La prima fonte d'entrata, conosciuta ai più, ovviamente me compreso, è il reddito da lavoro ed è sempre legata al tempo dedicato nello svolgerlo.

In poche parole viene scambiato tempo per denaro, più ore vengono lavorate più alto sarà il reddito.

Ne fanno parte tutti i lavoratori dipendenti, sia dirigenti e quadri che impiegati ed operai, sia full time che part-time, sia a tempo indeterminato che a tempo determinato, sia alle dipendenze dirette dell'azienda che a quelle di un'agenzia interinale o di una cooperativa.

Anche le tipologie di contratto non incidono, che sia a frequenza continua, solamente a chiamata o a progetto.

Tutto questo insieme di lavoratori devono considerare tale reddito, qualsiasi esso sia, come reddito da lavoro.

Essendo legato al tempo che è, di sua natura, limitato, è evidente che tale reddito abbia dei limiti, ma, in compenso, consente un'entrata mensile fissa e sicura.

Viene spesso vituperato nei video su YouTube, da quelli che si professano guru della finanza e maghi dei facili guadagni, oltre che del raggiungimento alla tanto agognata libertà finanziaria.

Ognuno è libero di pensarla come vuole, personalmente vi

sconsiglio di ascoltarli.

Ve lo sconsiglio perché, se è vero che nulla è più prezioso, in quanto scarso, del nostro tempo e nulla è più illimitato, in quanto senza sottostante, del denaro,e se è vero che i veri ricchi fanno lavorare il denaro e non lavorano per esso, è anche vero che la stragrande maggioranza, tra cui il sottoscritto, non è abbastanza abbiente da poterne fare a meno.

È anche vero che ci sono persone che, partendo dal nulla, hanno fondato attività e prosperato, ma per uno che ce l'ha fatta, in quanti hanno fallito?

Fare impresa non è per tutti, anzi, è per una ristrettissima minoranza, soprattutto se non viene insegnato come fare.

Il lavoro è sacro e, in quanto tale, va rispettato, solo non bisogna puntare troppo su esso, diventando eccessivamente aziendali e trascurando amici e famiglia all'inseguimento della carriera.

Abbiamo visto precedentemente la tassazione a scaglioni, quindi, prima di sacrificare anima e corpo all'inseguimento di una crescita che, spesso, almeno qui in Italia, non è meritocratica, ma dovuta ad amicizie e raccomandazioni, bisogna mettersi a tavolino ed analizzare con freddezza i pro ed i contro.

Ultimo ma non ultimo, mai dimenticare che tutti sono utili e nessuno indispensabile, soprattutto se si lavora presso grandi multinazionali.

Per quanto potremmo crescere, avremo sempre un capo sopra di noi, ed arriverà il giorno in cui, proprio il nostro capo, avrà più convenienza a metterci da parte a favore di qualcun altro, quando quel giorno arriverà, lo farà, sempre!

È giusto tenerne conto, quindi, prima di investire tutto il tempo per l'azienda di un altro, cerca sempre di renderti conto a cosa stai rinunciando e se ne vale la pena, oltre a capire che fuori c'è un mondo, il tuo!

Morale della favola? È giusto lavorare e farlo bene, cercando di andare il più possibile d'accordo con i colleghi, ma quand'è ora di staccare bisogna farlo immediatamente, sia fisicamente sia nella testa.

La seconda fonte d'entrata è il reddito da profitto, classico del negoziante.

Consiste nell'acquistare un prodotto, detto bene da consumo, ad un determinato prezzo, per poi rivenderlo ad un prezzo più alto, realizzando un profitto.

Solitamente chi è un dipendente non svolge quest'attività e viceversa, ma non è sempre così. Legalmente si possono svolgere entrambi i lavori, soprattutto i lavoratori part time o con contratto a chiamata, godendo di più tempo a disposizione, sono avvantaggiati nel poter doppiare.

Ma anche per un full time ci sono delle attività che possono essere conciliate con il lavoro, ad esempio la gestione di distributori automatici.

C'è anche chi arrotonda con il multi level marketing, un modo a cui, personalmente, non credo molto, soprattutto se si cerca il guadagno esclusivamente dalla propria organizzazione.

C'è infatti una legge in materia che parla chiaro (Legge 173 articolo 5), ed afferma che il guadagno dalle vendite, ottenute dalla propria organizzazione, non devono essere superiori a quelle ottenute dalle vendite dirette, tutto ciò per evitare che si trasformi in una catena di Sant'Antonio.

Chi dice il contrario, in buona o cattiva fede che sia, sbaglia e, se guadagna una cifra che va ben oltre le sue vendite, sappi che, anche se gli è sempre andata bene, è potenzialmente perseguibile penalmente dallo Stato, che dispone di un lunghissimo arco temporale per poter agire prima che l'infrazione cada in prescrizione, quindi, se fossi in lui, non dormirei sonni così tranquilli.

Un altro modo per arrotondare il proprio reddito a cui, invece, credo, da quando internet la fa da padrone, è la rendita da vendita diretta.

Non da confondere con il porta a porta, la vendita diretta, infatti, può essere non solo offline, ma anche online, diventando ad esempio un affiliato di Amazon, vendendo prodotti o, se segui il mondo delle criptovalute, proponendo l'iscrizione di exchange, tipo Coinbase, che ti permettono di farlo, in quest'ultimo caso si tratterebbe di una vendita di servizi.

Concludendo, in questa forma di reddito, il guadagno non è direttamente proporzionale al tempo dedicato, bensì ai risultati ottenuti, anche se è ovvio che, per ottenere buoni riscontri, una certa dedizione temporale, tanta o poca che sia, è per forza necessaria, se non altro per generare una mole considerevole di traffico.

Da un punto di vista fiscale, devo fare una precisazione, anche se l'ho inserita nel reddito attivo, perché lo è.

La rendita da profitto non è soggetta a tassazione a scaglioni, ma ad una tassazione fissa ed agevolata, se si dovesse scegliere un regime forfettario .

Su questa tipologia di partita IVA, nei primi 5 anni la tassazione sui redditi (da quest'anno se non superiore agli 85000 euro) è solo del 5%.

Dal sesto in poi aumenterà al 15%, ma resta comunque molto conveniente.

Tale tassazione è valida anche nel caso si svolga in aggiunta ad un lavoro da dipendente.

La terza fonte d'entrata, che vediamo insieme, è il reddito da royalty.

Questa forma di reddito è in realtà una borderline, in quanto potrebbe considerarsi anche reddito passivo, dipende dal perché viene percepita.

Un esempio eclatante di reddito da royalty passivo, può essere quello percepito da una grande catena, come McDonald's, nei confronti di ogni singolo punto vendita che esercita in franchising utilizzando il suo marchio, in qualità di franchisee. Può invece essere considerata come reddito attivo, nel caso si trattasse di un reddito da lavoro, frutto di un'idea, tipo il libro che sto scrivendo.

Quando l'avrò completato potrà essere finalmente pubblicato e, da quel momento, sarà disponibile alla vendita e percepirò delle royalties.

Anche in questo caso, come il reddito da profitto, il reddito è proporzionale al risultato, quindi alle vendite, piuttosto che al tempo dedicato.

Vero è, anche in questo caso, che, per sperare in migliori risultati, bisogna produrre un buon lavoro e, per ottenere ciò, è necessario dedicarci il giusto tempo.

A differenza del reddito da profitto, l'investimento economico non c'è, o qualora ci fosse, sarebbe molto limitato; l'investimento è principalmente in tempo, come nel lavoro da dipendente.

La differenza con il lavoro da reddito da dipendente, invece, è che non c'è nessun collegamento tra tempo e guadagno, mentre nel lavoro dipendente, in base al tempo dedicato, si ottiene uno stipendio, solitamente, a cadenza mensile, in questo caso, durante la costruzione del libro non si percepisce nulla, mentre, una volta pubblicato, finché rimane in vendita sul mercato, si può potenzialmente guadagnare, anche dopo la morte (grazie al diritto d'autore).

Nella dichiarazione dei redditi, tale guadagno va inserito come "altri redditi" e va a sommarsi al proprio reddito da lavoro.

REDDITO DA PORTAFOGLIO

Fa parte di questo reddito il guadagno (detto margine), ottenuto dalla gestione dei propri investimenti, questa può essere sia attiva sia passiva.

Tale guadagno, come già accennato in precedenza, è possibile ottenerlo in tre diverse modalità.

La prima fonte di questo reddito che analizziamo è il reddito da dividendi, è totalmente passivo ed è dato dai dividendi erogati, proporzionalmente alle azioni acquistate.

Le aziende quotate in borsa, infatti, hanno il dovere di comunicare data ed importo da erogare ai loro azionisti.

Giusto per fare un esempio, Eni (azienda presa a caso) corrisponderà, nell'anno 2023, ai suoi azionisti, un dividendo di 0,88 euro per azione e, per giudicarne la sua bontà, va rapportato col suo valore.

Prendendo in esame la quotazione datata undici dicembre 2022, la sua azione, aveva un valore di 13,61 euro e, chi l'avesse acquistata allora, avrebbe ottenuto un rendimento annuo del 6,46% lordo, considerando che la tassazione è del 26% sui guadagni, all'azionista in questione, sarebbe rimasto un 4,78% netto.

L'unico lavoro dell'investitore, in questo caso, è a monte e sta nel scegliere bene le azioni da acquistare.

Va però sottolineato che, pur non essendo un lavoro particolarmente complicato, richiede comunque un po' di competenza e sarebbe consigliata, prima di agire, una preparazione adeguata.

Non bisogna, infatti, considerare solo l'importo del dividendo ed il suo rapporto, ma anche, anzi soprattutto, la solidità dell'azienda stessa.

Un importante indice per misurare tale solidità è il P/E, noto come Price/Earnings o, più semplicemente, Prezzo/Utile per azione, è il rapporto tra il valore dell'azione di una società ed i suoi utili per azione.

Più il valore è basso, più il prezzo dell'azione è ritenuto conveniente, solitamente il valore è ritenuto normale se si aggira tra i 13 ed i 15, un P/E superiore indica solitamente un sovrapprezzo del titolo, mentre un valore sotto i 10 indica che le azioni potrebbero essere sottovalutate dal mercato.

Il rapporto della sopra citata Eni, relativo alla data presa in esempio, stando alla luce di quanto ciò scritto, sarebbe stato da considerare un risultato eccezionale, visto che era di 2,86.

Seppur importante, non bisogna però considerare totalmente esaustivo tale rapporto.

Considerazione importante è anche la prospettiva di crescita, va da sé che aziende emergenti con un altissimo potenziale di crescita, tipo quelle presenti sul Nasdaq, abbiano un

P/E decisamente più alto rispetto a quelle consolidate, come Eni, e con prospettive di crescita molto inferiori.

Secondo l'economista Benjamin Graham, le aziende consolidate con crescita 0, dovrebbero avere un P/E non superiore ad 8,50, mentre le aziende con una più alta prospettiva di crescita, potrebbero avere anche un P/E di 15, valore comunque molto prudenziale, se si pensa che, sempre attorno quella data, Google aveva un P/E di 18,89 ed Amazon addirittura di 83,56!

Il dividendo è, inoltre, figlio dei risultati operativi, quindi non è sicuro e non è necessariamente erogato per sempre.

Se l'azienda dovesse cominciare ad andar male, ha facoltà di diminuirlo o, addirittura, di azzerarlo.

L'azienda stessa può, oltretutto, perdere di valore e scendere nella sua quotazione azionaria, causando una perdita sul capitale investito; bisogna prendere in considerazione anche il peggiore dei casi, quello del suo fallimento, se così fosse, la sua quotazione crollerebbe addirittura a zero, causando la perdita totale del capitale investito dall'azionista.

Questi pericoli ventilati non hanno lo scopo di allarmare il lettore, ma solo di metterlo in guardia e non sottovalutare il tempo da impiegare nello studio.

Un'adeguata preparazione ti consente, se non l'azzeramento del rischio, almeno una buona gestione di esso, e di conseguenza una sua notevole riduzione.

Tutto ciò richiede sicuramente un po' di dedizione, ma ne vale la pena.

La seconda fonte d'entrata del reddito da portafoglio è il reddito da plusvalenza, che, come spiega bene la parola, significa comprare un bene ad un prezzo e rivenderlo con lo scopo di ottenerne un guadagno, chiamato plusvalenza.

A differenza del reddito da profitto, questa compravendita, viene fatta su beni da investimento e non da consumo, quindi su case e beni finanziari, ad esempio le azioni.

Fa parte del reddito da plusvalenza anche il trading.

È evidente che questa fonte di reddito deve essere, per forza di cose, una fonte attiva al 100%, in particolar modo per chi guadagna sulla compravendita di case, solitamente acquistate a bassissimo prezzo, perché in cattivo stato, per poi, dopo averle ristrutturate, rivenderle.

In questo caso, indipendentemente dal campo in cui si sceglia di cimentarsi (che sia immobiliare o finanziario), la preparazione deve essere ben superiore rispetto a quella del cassettista che vuole ottenere un guadagno dai dividendi.

Per quanto possano essere impegnative, queste competenze, sarebbero state comunque, almeno parzialmente, assimilabili dai giovani cervelli degli alunni in poche ore settimanali, durante l'educazione scolastica, per lo meno quelle riguardanti le tecniche per la gestione del rischio, non così complicate ma, allo stesso tempo, fondamentali.

Fanno parte del reddito da plusvalenza anche i guadagni sulle quote dei fondi comuni acquistati, in quanto, in fase d'acquisto, si diventa proprietari di un certo numero di quote che, in seguito, si potranno rivendere.

Tali fondi sono acquistabili anche stipulando un fondo di categoria pensionistico, versando mensilmente, se si è dipendenti, la parte di liquidazione maturata.

Visto che in troppi lo ignorano, è importante aggiungere che, nel caso si implementi il versamento di tale fondo con una quota minima di stipendio (solitamente l'1% della mensilità), l'azienda è tenuta, per legge, a versare un ulteriore piccolo contributo, che varia nella sua percentuale in base al settore di competenza (in quello del commercio si aggira intorno all'1,5% della mensilità percepita dal lavoratore).

L'investitore ha altresì la possibilità di scegliere se investire il suo fondo pensione in modo più o meno aggressivo, con la consapevolezza che, più l'investimento è rischioso e più (nel lungo termine) dovrebbe performare, più è tranquillo e meno dovrebbe performare ma, rende molto più controllato il rischio ed ha, d'altro canto, il vantaggio di rendere quel tipo di gestione totalmente passiva.

Un terzo vantaggio, lo dà la possibilità di poter prelevare anticipatamente (dopo almeno 8 anni dal primo versamento) fino ad un 30% del totale anche per esigenze personali, diverse dalle spese mediche o dall'acquisto della prima casa.

La richiesta è oltretutto veloce e semplicissima, viene eseguita direttamente da computer o da mobile, ed il relativo accredito sarà eseguito, direttamente su conto corrente bancario, entro i termini prestabiliti (solitamente 90 giorni di calendario), al netto dell'imposta.

Riallacciandomi a quanto appena scritto, ulteriore vantaggio dell'investitore è dal punto di vista fiscale, la quota investita tramite il proprio stipendio, viene dedotta dalle imposte e, al momento del prelievo, l'imposta a cui si sarà soggetti, oltretutto direttamente alla fonte e senza incombenze burocratiche, sarà solo del 22%.

La sua terza fonte d'entrata è il reddito da interessi ed è al 100% passiva.

Il reddito da interessi è il guadagno che si ottiene prestando soldi, la più basica è data dagli interessi ottenuti da un conto corrente di risparmio (ad esempio quello bancario), ma è anche la meno remunerativa.

Fanno parte di questa fonte d'entrata anche i titoli di Stato come i Bot ed i Btp.

Questo, da un punto di vista del tasso, potrebbe essere un buon periodo per investire nei titoli di Stato, in particolar modo sui Btp decennali che, per esempio, se solo un anno fa, offrivano tassi inferiori all'1%, ora stanno emettendo titoli con rendimenti molto interessanti.

Oltre alla differenza tra prezzo d'emissione e sottostante, si gode un ulteriore reddito, dato dalla cedola semestrale, che potrebbe essere inserito tra il reddito da dividendi (e cedole).

C'è pur sempre da considerare che, ad un maggior tasso equivale anche maggior rischio.

Se uno Stato ti sta chiedendo soldi in prestito offrendo tassi alti, è perché sta avendo grossi problemi di liquidità e sono aumentate le probabilità di un suo eventuale default.

Ma anche tralasciando casi così estremi, all'interno degli investimenti in BTP sono inserite delle clausole: le CLACs, ovvero clausole collettive (di Stato), valide in tutti gli Stati facenti parte dell'Unione europea.

Queste clausole possono anche essere applicate dagli Stati in caso di ristrutturazione del debito, quindi in caso di una necessità che non deve, per forza, corrispondere al fallimento.

Tali clausole consentono allo Stato di venire a meno agli obblighi stipulati con il suo investitore nei seguenti modi:
- riducendo il valore nominale del titolo a scadenza;
- prolungando le scadenze dei titoli;
- effettuando modifiche al metodo di calcolo relative al pagamento dei titoli;
- cambiando sia la valuta dei titoli sia la cedola di rimborso;
- modificando le condizioni sugli obblighi di pagamento da parte dell'emittente.

Personalmente, anche alle condizioni attuali, secondo la mia valutazione del rapporto tra rischio e rendimento, sul lungo termine (ovvero dai cinque anni in su), ritengo più performante un investimento azionario su aziende buone e solide.

Comunque sia, il taglio minimo per l'investimento in titoli di Stato è tutt'altro che proibitivo, ovvero mille euro e, per chi lo ritenesse interessante, può comunque trovare un modo per differenziare.

Per aumentare il proprio reddito da interessi, si può anche ricorrere al crowdfunding, una pratica di microfinanziamento che parte dal basso per sostenere gli sforzi di organizzazioni, un reddito le cui regole di tassazione, in Italia, sono ancora in divenire (da dichiarare su quadro RW e, teoricamente, farebbero cumulo con il reddito da lavoro).

Ultimo ma non ultimo, per chi ne ha l'opportunità di lavorarci, ci sono le azioni di aziende non quotate in borsa.

Queste aziende, a cadenza periodica, solitamente annua, pubblicano il nuovo valore azionario ed offrono la possibilità a tutti i dipendenti di far parte del progetto, chiedendo loro soldi in prestito, con lo scopo di investire e crescere, talvolta offrendo, in cambio, quote di società e azioni stesse, in questo caso, più che di reddito da interessi passivi, trattasi di reddito da plusvalenza, con le stesse agevolazioni sulla tassazione, ovvero il 26% sul capital gain (ma solo sulle quote vendute dopo un termine minimo di cinque anni dall'acquisto).

Queste sono periodicamente acquistabili mediante bonifico o depositando parte dello stipendio, ad esempio i premi produzione.

Ci sono aziende, anche tra quelle operanti in Italia che, nonostante il periodo difficile, sono da anni in forte espansione, e che vedono il loro fatturato annuo crescere a ritmi da doppia cifra rispetto al precedente, investire in esse potrebbe rappresentare un'ottima opportunità.

REDDITO PASSIVO

È il reddito legato agli affitti di un bene o al reddito residuo, sono entrambi passivi.

Per quanto riguarda gli appartamenti, si gode di un regime d'imposta agevolato (la cedolare secca) già trattato precedentemente, non è però un investimento per tutti, in quanto richiede la disponibilità di grosse cifre e comporta anche dei rischi nel malaugurato caso (troppo frequente) ci si imbattesse in un inquilino moroso.

Locare un garage, però, potrebbe essere un investimento più semplice e meno rischioso, genererebbe sicuramente guadagni netti inferiori, in quanto maggiormente tassati, essendo questi da mettere a reddito, ma permetterebbe altresì un reddito automatico, senza dispendio di tempo, ed alla portata di molte più persone.

La soddisfazione, data dal reddito generato, potrebbe infondere ottimismo e sicurezza nei confronti dell'investitore, oltre che aiutarlo ad un eventuale acquisto di un secondo garage.

È giusto far menzione anche del reddito residuo, forse meno conosciuto e meno impattante degli altri, ma esiste ed è più frequente di quanto possa sembrare.

Per semplificare la spiegazione, rifaccio un esempio sulla mia personale situazione come nel precedente caso riguardante le royalties, e penso a chi si è costruito un blog.

Per farlo funzionare, è vero che è necessaria una gestione attiva ed è richiesta una continua creazione di contenuti, la creazione continua genera traffico e, di conseguenza, entrate per il blogger.

È però anche vero che il singolo lavoro sul contenuto finisce nel momento stesso in cui viene pubblicato, ma le sue visualizzazioni, a meno che il blog non venga chiuso, continueranno ad esserci nel tempo, molto probabilmente in misura via via inferiore, ma genereranno sempre traffico e, di conseguenza, reddito, questo è il classico caso di un reddito residuo.

Queste appena esaminate, sono tutte le possibili fonti di reddito a disposizione.

Anche solo conoscerle è già un notevole passo in avanti.

Per chi le dovesse riuscire a sviluppare tutte nove, onore al merito, ma non è necessario farlo.

Ognuno di noi, ora che ne ha la consapevolezza, può decidere di selezionare quelle che ritiene, per se stesso, più congeniali.

LE PASSIVITÀ

Quelle argomentate precedentemente sono le attività.

Tali attività sono ottenute sia dalla nostra energia mentale e fisica, utile a svolgere un lavoro col fine di conseguirne un guadagno, sia dai nostri beni che permettono di produrre un reddito.

Tali attività, non sono da confondere con le passività, ovvero tutte le proprietà che non producono alcun reddito ma, altresì, spese di mantenimento.

L'acquisto di passività avviene per due motivi.

Il principale è, solitamente, volto al fine di un utilizzo personale.

Questi acquisti possono essere effettuati anche per investimento, non con finalità reddituali ma protettive, dato che potrebbero rappresentare uno scudo anti inflazionistico, i cosiddetti beni rifugio.

Vediamo insieme i beni rifugio più comuni:

LE PROPRIETÀ IMMOBILIARI

Fanno parte di questa categoria le case, i garage, i locali ed i terreni di proprietà acquistati per utilizzi personali, o comunque non affittati.

Non è un fenomeno così raro quello di chi, possedendo ingente liquidità in denaro, pur non vedendo di buon occhio il reddito d'affitto (spaventati dal rischio d'insolvenza da parte dell'affittuario), acquista ugualmente beni immobili per proteggere la sua ricchezza dall'incedere continuo dell'inflazione la quale, sul lungo termine, provocherà un sicuro deprezzamento considerevole della moneta nel suo potere d'acquisto.

Nulla è più sicuro delle proprietà immobiliari, protette dall'atto d'acquisto presso lo studio notarile, ma le spese, dettate dalla sola proprietà, sono altissime.

Soprattutto in Italia che, tra i Paesi Ocse, è il più vessatorio sulla proprietà privata.

Oltre alle tasse, in particolar modo per case e pertinenze varie, bisogna mettere in conto anche le spese di gestione e di mantenimento (le spese condominiali sono un classico).

I beni finiti: Oro e Bitcoin

Entrambe sono da considerare come passività, in quanto non generano reddito alcuno.

L'oro è il bene rifugio più popolare, una popolarità tale che, dedicarci troppo spazio è inutile: è conosciuto ovunque.

La sua storia è millenaria.

L'estrazione dell'oro risale alla nascita delle prime civiltà in Mesopotamia, si stima addirittura 6000 anni fa.

Secondo "Intercoins.it" sembra che, da allora, ne sia stato estratto un quantitativo di circa 150 mila tonnellate, e che tale attività sia progressivamente cresciuta nei secoli, fino a raggiungere le attuali 2400 tonnellate annue.

Le proprietà fisiche di questo materiale, date dalla sua lucentezza, la facilità nel lavorarlo e l'incredibile resistenza, sono le ragioni del suo successo.

Le creazioni ornamentali degli egizi, degli etruschi e dei romani ne sono l'esempio.

Circa 2500 anni fa vennero coniate le prime monete d'oro che sostituirono il baratto e divennero il punto centrale dell'economia.

Potrebbe essere quello il periodo in cui, senza blasfemia alcuna, si può considerare come nascita del sistema aureo.

L'oro puro da investimento, da non confondere con quello a 9 o a 18 carati utilizzato per la produzione di gioielli, può essere prodotto in lingotti, placchette o monete e, sul finire del 2022 aveva una quotazione che si aggirava intorno i 1800 dollari l'oncia (equivalente a 28,35 grammi).

Il solo possesso, anche se va dichiarato sul quadro RW nella dichiarazione dei redditi, non è tassato, quindi non ha un costo.

Qualora se ne possedesse in quantità, varrebbe sicuramente la pena metterlo in estrema sicurezza dallo spiacevole rischio di furto, chiudendolo in un caveau bancario che ha un costo annuo di circa 400 euro.

Il Bitcoin, detto anche Oro digitale, è invece un bene immateriale, in quanto trattasi di una moneta fondata su un algoritmo matematico.

È una moneta che, a differenza delle altre, ha caratteristiche idonee al risparmio, in quanto la sua disponibilità, tramite blocchi, a disposizione dei miner ogni circa dieci minuti, si dimezza più o meno ogni quattro anni (più precisamente ogni 210mila blocchi), facendone crollare l'offerta, il momento del dimezzamento si chiama halving.

L'offerta di Bitcoin sul mercato continuerà solo fino al raggiungimento delle 21 milioni di unità, pur non essendo certa la data, si prevede accadrà in un periodo inquadrato vicino all'anno 2140.

Attualmente ci sono in circolo circa 19 milioni di Bitcoin e si sono verificati tre halving.

Nato poco più di dieci anni fa, nel 2009, grazie all'idea del suo misterioso creatore conosciuto con lo pseudonimo di Satoshi Nakamoto, è stato per la prima volta quotato sui mercati nel 2010 chiudendo, dopo il primo giorno di contrattazioni, ad un valore di 7 centesimi di dollaro l'unità.

Da allora ad oggi son passati circa dodici anni e Bitcoin ha seguito un lungo trend di crescita, seppur non costante, contraddistinto da incredibili crescite a cui si sono susseguiti spaventosi crolli, ma che l'hanno portato a valere, a fine 2022, circa 16000 dollari.

È stato di gran lunga l'asset più performante dello scorso decennio ed è, attualmente, tra i più performanti anche del decennio in essere.

Ha fatto molto scalpore il crollo di oltre 75 punti percentuali rispetto ai massimi di Novembre del 2021, tanto che la BCE, come riporta un articolo on line de "La Repubblica" datato 30 novembre 2022, aveva dichiarato, tramite i canali media, che Bitcoin sarebbe stato, nel breve termine, destinato all'irrilevanza.

Ma se si fosse rapportato il suo valore, registrato in quel periodo, rispetto a quello di maggio 2020, momento in cui c'è stato l'ultimo halving, corrispondente al raggiungimento del 630 millesimo blocco minato, ovvero quando Bitcoin quotava circa 10000$, il suo sviluppo lo si sarebbe potuto valutare in modo ben differente.

GLI ALTRI BENI RIFUGIO

Oltre agli immobili, all'oro ed a Bitcoin, ci sono altri beni che possono essere acquistati non a finalità consumistiche ma per investimento, ne cito alcuni:gli altri metalli preziosi (l'argento, il palladio, il platino) i quadri, le auto d'epoca, le auto lussuose, i gioielli, gli orologi di valore (uno su tutti il Rolex), i vini pregiati ed i francobolli da collezione.

Sicuramente gli oggetti storici, pregiati e da collezione, hanno rappresentato, da sempre, un rifugio per il parcheggio dei risparmiatori abbienti.

C'è comunque da sottolineare che, i beni rifugio, non hanno un valore intrinseco reale, anche se tal discorso, ultimamente, viene sottolineato sempre e solo su Bitcoin (chissà perché?).

Il motivo che spinge il risparmiatore a ricercare questo genere di beni, è la ricerca di un rifugio dalla svalutazione durante i periodi di crisi economica.

Maggior validità, sulla mancanza di valore intrinseco, l'hanno i beni da me riportati in queste ultime righe, in quanto appetibili ad un pubblico di nicchia.

Investire in certi settori come quelli riguardanti le opere d'arte ed i prodotti di pregio, richiede inoltre tantissima competenza, i tentativi di contraffazione, da parte di criminali e disonesti senza scrupoli, sono tantissimi, le possibilità di prendersi cocenti fregature sono dietro l'angolo.

L'acquisto di prodotti come immobili, oro e bitcoin, certamente richiedono un po' di competenza, ma sono maggiormente alla portata del grande pubblico.

MUTUO O AFFITTO?

Provo a fare chiarezza e, credetemi, non è poco!
La certezza inconfutabile è che un tetto, sopra la nostra testa, serve, e se la casa non l'abbiamo e non possediamo abbastanza denaro per acquistarla in immediato, una delle due scelte va fatta, non si scappa.
Il chiacchiericcio generale dice esser meglio l'affitto, ma siccome del chiacchiericcio non mi fido, ho ragionato molto sulle due alternative, ricercando con non poca fatica, tutte le informazioni disponibili prima di scegliere, ed alla fine ho preferito il mutuo.
Prima di dirvi il perché, vorrei però sfatare la leggenda metropolitana che vede schiavo chi contrae un mutuo e, invece, più libero chi va a vivere in affitto.
Chi contrae un mutuo, chiede dei soldi alla Banca e, questi soldi, deve restituirli con gli interessi, per questo c'è un malessere generalizzato nei confronti di esse.
Ma tutto ciò è ovvio ed evidente!
Sia ben chiaro, da come avrete sicuramente già constatato, non sono mai stato tenero nei giudizi sulle Banche, ma condannarle per il fatto che esigono degli interessi in aggiunta alla restituzione del capitale erogato è assurdo.
Le Banche sono aziende a scopo di lucro, non enti no profit, quindi è normale che pretendano quanto dovuto, ed è altrettanto normale che, come già scritto in precedenza, in caso di inadempienza da parte del mutuatario, esigono di rifarsi sulla proprietà.
Per questo motivo è d'attualità pensare che, chi dovesse decidere di contrarre un mutuo, è come se si mettesse un cappio al collo, ma siamo così sicuri che andare in affitto sia sinonimo di libertà?

Certo! In affitto hai meno pensieri, prima di tutto quelli legati alle tasse di proprietà ed alle opere straordinarie di manutenzione, oltretutto, se ti capitasse di disdire per andare a vivere altrove, potresti godere di maggiore flessibilità e svincolarti, ma non è sempre così.

Il proprietario, alla sottoscrizione del contratto, ha la facoltà, del tutto legale, di inserire determinate clausole, tipo un preavviso fino a sei mesi e, in tal caso, l'affittuario rischierebbe di perderci un bel po' di soldi.

Un'altra leggenda metropolitana, promossa da un Sistema sempre compiacente nell'ostacolare le giuste informazioni, soprattutto se a vantaggio dei singoli privati e della classe media, ti fa credere che l'affittuario può anche permettersi di non pagare, continuando a vivere tranquillamente a spese del proprietario.

A parte la totale mancanza di etica ed il disprezzo personale che provo verso persone, come gli inquilini morosi di lunga data, che ritengo, senza mezzi termini, ripugnanti, in quanto autori di un comportamento disdicevole, tengo altresì a precisare che il contratto tra proprietario ed affittuario, se in regola (come deve sempre essere), viene depositato all'Agenzia delle Entrate.

Qualora l'inquilino non dovesse pagare, il proprietario lo può trascinare in tribunale ed il giudice può ordinare il pignoramento dei suoi beni (una parte dello stipendio o l'automobile, tanto per fare un paio di esempi), oltre a dover pagare anche l'avvocato del suo padrone di casa.

L'unico modo per non farlo è risultare nullatenente.

Ma se anche così fosse e si rifiutasse di lasciare l'appartamento, si dice che sia impossibile sfrattarlo, ma questo non è vero, può solo rimandare temporaneamente tutto ciò se, tra i suoi conviventi, dovessero risultare degli invalidi o dei minori, grazie anche alle lentezze burocratiche italiane che incidono non poco, ma l'esito finale è già scritto, ovvero il proprietario, assistito dalle forze dell'ordine, potrà cambiare la serratura e lasciare l'inquilino sulla strada.

Non ci sono scappatoie, se il contratto è regolare (e lo sottolineo), lo sfratto, in caso d'insolvenza, è certo!

Riassumendo in ancor meno parole questo breve paragrafo, sia mutuo che affitto rappresentano dei debiti e, come tali, vanno pagati.

La flessibilità, tanto millantata, verso chi si trova in affitto, è consentita anche per chi dovesse contrarre un mutuo, in quanto il proprietario potrebbe mettere in vendita l'immobile ed i tempi, se venduto a prezzo di mercato, non sarebbero così alti.

Certo! Si potrebbe correre il rischio di vendere in perdita, ma il calcolo, sulle case comprate per viverci, non va mai interpretato da un punto di vista speculativo, come guadagno o perdita, ma andrebbe bensì confrontato con la spesa totale che si sarebbe sostenuta se si fosse andati a vivere in affitto e, se quest'ultima, fosse (come credo) superiore ai soldi rimessi vendendo in perdita, il risultato più conveniente sarebbe sempre il mutuo.

Se le cose dovessero invece andar meglio, un'eventuale vendita in plusvalenza, oltretutto, qualora la casa fosse stata acquistata da oltre cinque anni, non sarebbe nemmeno soggetta ad imposte.

Un altro vantaggio, dato dalla scelta del mutuo, è che offre un'ulteriore opportunità, perché qualora non si volesse vendere l'immobile, si potrebbe pur sempre affittarlo, ovviamente tutelandosi con un contratto regolare e ben fatto.

Da queste considerazioni si può constatare che, chi scegliesse il mutuo disporrebbe di più alternative, oltre che più vantaggiose, rispetto a chi dovesse preferire l'affitto e, tutto ciò è stato visto in chiave meramente individualistica, ovvero senza considerare il lato generoso che ci vedrebbe, grazie al mutuo, poter godere di una casa di proprietà da lasciare ai propri eredi, i quali potranno ritrovarsi proprietari senza dover sostenere ingenti spese ed affrontare i nostri stessi sacrifici.

5. ESSERE INATTACCABILI

METTICI ANCHE DEL TUO
PER NON ROVINARTI LA VITA

La nostra vita è già parecchio complicata, resa difficile da un Sistema che ha congegnato una subdola dittatura, mascherata da democrazia.

È però vero che siamo anche noi a complicarla con le nostre scelte scriteriate.

Gli errori sono comprensibili, siamo esseri umani in carne ed ossa, non delle macchine che ragionano tramite algoritmi perfetti. Siamo vulnerabili e soggetti ad inevitabili mancanze, ma ce ne sono alcune che dovremmo evitare come la peste. Alcune scelte sbagliate potrebbero rivelarsi deleterie e ce le potremmo portare dietro per tutto il corso della nostra esistenza.

Ciononostante, pur sapendolo, vengono tramandate di generazione in generazione, ed è per questo che ho deciso di scriverci un capitolo.

Ma prima di farlo, voglio specificare che non intendo puntare il dito contro nessuno e tanto meno giudicare, solo aiutare tutti, me compreso, ad evitare bruschi scivoloni letali.

Errori legati a cattive abitudini, insite nel genere umano.

Le più famose sono quelle legate ai vizi: le dipendenze dal fumo, dall'alcol, dal caffè e dal cibo, per non parlare di quella più grave, ovvero dagli stupefacenti.

Ce ne sono, però, altre che, pur non essendo impattanti sulla nostra salute, potrebbero comunque alterare in negativo la nostra realizzazione, sia in campo lavorativo sia come persone.

Non ti faccio perdere tempo, eccoti l'elenco!

Le prime due cattive scelte sono riconducibili alla procrastinazione, sia nell'eccessivo studio sia nell'ozio.

Studiare ed informarsi è positivo, io stesso mi farei un auto-gol se affermassi il contrario.

Quello che stai leggendo, in questo momento, è da considerare un infoprodotto, così come lo è stato il precedente ***Bitcoin! Il prezzo della libertà***, che ti consiglio vivamente di acquistare, in particolar modo se sei del tutto a digiuno sul mondo delle criptovalute.

Ci sono anche altri lavori di miei colleghi altrettanto validi, se non di più, come lo sono diversi canali YouTube legati alla crescita personale che io stesso seguo.

L'avvento di internet è stato, per la nostra generazione, una fortuna che i nostri genitori non hanno avuto, perché le informazioni a disposizione sono veramente tante, ma internet stesso, se non utilizzato con attenzione, potrebbe trasformarsi in un'arma a doppio taglio, bloccandoti nel dubbio di non saperne mai abbastanza.

Studiare e formarsi è positivo, ma se poi si passa all'azione, altrimenti rischia di diventare solo una perdita di tempo.

Il dinamismo non è importante, è fondamentale!

Non aspettare la perfezione prima di muoverti, perché la perfezione non esiste, perfetto non lo sarai mai!

Non aspettare la sicurezza di non sbagliare, non ce l'avrai mai, studia ed agisci in corsa!

Non affliggerti se sbaglierai, perché sicuramente, al netto di imprevisti colpi di fortuna, all'inizio sbaglierai!

Avrai senz'altro sentito l'antico proverbio "sbagliando s'impara"! Nulla è più vero!

La teoria è importante per darti un'organizzazione, una strategia, delle direttive, ma è solo con la pratica che imparerai e farai esperienza, in fin dei conti hai mai visto qualcuno essere in grado di guidare la macchina solo con lo studio della teoria?

La soluzione è semplice! Devi seguire questo ciclo: studia, agisci il meglio che puoi, se commetti uno sbaglio accettalo e correggilo, poi vai avanti!

Si presenterà un problema e dovrai risolverlo, appena lo risolverai se ne presenterà un altro, è normale, man mano che risolvi problemi aumenti le tue skill e, di conseguenza, il tuo valore sul mercato.

Ti faccio un semplicissimo esempio: *"hai letto dieci libri sulla finanza ed hai anche seguito svariati video in materia su You-Tube, ma dopo tutto ciò non hai ancora investito un euro?*

Sei così sicuro che leggere l'undicesimo libro e seguire l'ennesimo corso potrà servirti?"

Se la procrastinazione nello studio è sbagliata, quella nell'ozio è deleteria!

Faccio ancora un esempio pratico, *sai di essere fuori forma e hai in mente di iniziare a correre?*

Mettiti subito tuta e scarpette da ginnastica ed esci!

Chi se ne frega se non sei in grado di correre nemmeno dieci minuti, inizia a correrne cinque, ma inizia!

Non aspettare il nuovo anno, fallo subito, anche se oggi dovesse essere il 28 dicembre!

Che senso ha aspettare?

Più aspetti e più il tuo stato fisico peggiorerà, più il tuo stato fisico peggiorerà e più diventerai debole, più diventerai debole e più fatica dovrai fare per rimetterti in sesto.

Posso capire se sei infortunato o influenzato, oppure, al momento, concentrato su un progetto che ti porta via tempo ed energie, quindi non sei nella condizione di cominciarne un altro, ma che senso ha rimandare se ora sei in panciolle davanti alla televisione?

Non c'è nessun vantaggio a perder tempo, solo svantaggi!

L'esempio fatto sull'esercizio fisico si può riportare in tutti i campi, per esempio sullo studio e sul lavoro! Se ora stai perdendo tempo, datti subito una mossa e svegliati!

CREDERE AI SOLDI FACILI

Internet è pieno di fantomatici "guru finanziari" che hanno in mano il business che potrebbe cambiare per sempre la tua vita.

Effettivamente hanno ragione, è così e bisogna ammetterlo, la vita te la potrebbero cambiare veramente, ma in peggio, lasciandoti in mutande dopo averti rubato soldi e fatto perder tempo. Le persone che hanno fatto tanti soldi, intendo ovviamente in modo lecito, e che ora stanno guadagnando tantissimo, ci sono, ma a monte hanno svolto un gran lavoro di dedizione legato allo studio, alla pianificazione ed a continui tentativi, utili per trovare le necessarie chiavi d'entrata, oltre ad averci messo del loro, in termine di investimento in tempo e denaro. La loro preparazione è valsa ad aumentare considerevolmente le abilità.

I business facili e farlocchi, che spesso si sentono in giro, dove è sufficiente investire qualche decina d'euro per poi fare qualche click, utili ad erogare interessi giornalieri dell'1% o anche più, sono solo delle grandi boiate costruite per rubare qualche decina d'euro a tutti i polli che ci cascheranno.

Il rischio maggiore è di vedere le persone sprecare, non tanto il loro denaro, quanto il loro tempo, a saltare da una truffa all'altra, tempo fatto di giorni che, sommandosi, diventano prima settimane, poi mesi e, nel peggiore dei casi, anche anni!

Giovani che invecchiano sognando l'imbeccata vincente che li farà diventare milionari, per poi ritrovarsi trentenni e senza competenze, ad accettare lavori saltuari e malpagati, a causa del loro basso valore sul mercato.

SCEGLIERE LA STRADA PIÙ SEMPLICE

Quando ci si trova a scegliere tra varie offerte di lavoro, viene la tentazione di scegliere la più facile, soprattutto se, a parità di stipendio, richiede minore, se non nessuna specializzazione.

Non dico sia sempre sbagliato, se in quel momento sei disoccupato e ne hai immediatamente bisogno, ben venga, ti garantirà liquidità a brevissimo periodo.

Ma questa scelta non può che essere provvisoria, non può e

non deve essere quella definitiva, su cui progettare la vita.

Nulla è più pericoloso di un lavoro che contrappone una barriera d'entrata bassissima, in quanto la sua semplicità nello svolgerlo, se è vero che ti permette di guadagnare fin da subito uno stipendio fisso, è altrettanto vero che ti rende facilmente rimpiazzabile e, sul lungo termine, questo pericolo, per la sola legge della statistica, aumenta esponenzialmente.

Il tutto senza considerare i flussi migratori, costantemente in aumento verso i paesi europei tra cui il nostro che, inesorabilmente, stanno portando ad un aumento della domanda, soprattutto per i lavori di bassa specializzazione.

Questi generi di lavoro sono, oltretutto, i primi ad essere automatizzati, quindi eseguiti da macchinari che, nel tempo, sostituiranno, sempre più frequentemente, le persone.

È, d'altro canto, l'alta barriera d'entrata che, pur richiedendo all'inizio maggiore sacrificio, può garantire, nel lungo periodo, più sicurezza, una strada più lineare e meno ostacolata da spiacevoli imprevisti.

Cercare più visibilità ad ogni costo

È una situazione che riguarda maggiormente i più giovani.

È quella di voler diventare famosi ad ogni costo, pur senza alcuna motivazione particolare che la possa giustificare.

I reality, che hanno caratterizzato quest'ultimo ventennio, sono una chiara testimonianza di tutto ciò.

Il numero di followers che si hanno sui social, sembrano quasi determinare lo status sociale.

Non sto condannando tutto ciò, se c'è chi riesce a monetizzare pesantemente su di essi, ritengo che faccia bene a farlo, sempre che questo sia quello che realmente vuole.

Tali scelte andrebbero, però, maggiormente soppesate, e sarebbe saggio rapportare il beneficio che si sta conseguendo ora, con gli eventuali problemi che si potrebbero riservare nel futuro: le foto che ci facciamo e pubblichiamo sui social, infatti, rimarranno visibili per sempre, anche tra dieci, venti o trent'anni.

Quando parlo di contenuti che potrebbero minarne l'immagine, non intendo ovviamente le foto normali o i video simpatici e divertenti, ma quelli più controversi, ed è per questo che, quando parlo di monetizzazione che ne valga la pena, la intendo come "monetizzazione pesante".

Mi spiego meglio, se una graziosa ragazza si dovesse fotografare in pose hard, deve rendersi conto che sta mettendo a repentaglio la sua immagine per sempre.

Se queste foto dovessero farla guadagnare tantissimo, da intendersi almeno qualche centinaio di migliaia di euro, se questo è quel che le piace, personalmente non la giudico, le direi "faccia pure", pur mettendola in guardia che questa popolarità sarà effimera e che ben presto svanirà.

Ma se la ragazza in questione dovesse portare a casa l'equivalente di un mediocre stipendio, tale da permetterle l'agio di un guadagno più comodo, utile solo ad evitare di farsi il mazzo come l'amica, la quale porta a casa la stessa cifra lavorando dieci ore al giorno come barista o come commessa, le direi che sta commettendo un' enorme fesseria, tale da poterle chiudere ogni opportunità lavorativa e macchiare in modo indelebile, cioè per sempre, il sui curriculum.

Tutte le persone sostengono di non giudicare ed essere di mentalità aperta, ma per la maggior parte così non è, soprattutto quando vengono toccate sul vivo e le scelte che devono fare riguardano i loro interessi, in particolar modo quelli economici, tendono a giudicare e chiudersi a riccio.

È vero che "L'abito non fa il monaco", ma è altresì vero che l'abito risulta, talvolta, il biglietto da visita più importante, soprattutto nei confronti di un selezionatore che deve decidere senza conoscere, se non superficialmente, chi ha di fronte.

La giovane età porta ad essere sfrontati ed incoscienti, soprattutto a pensare solo a vivere il presente.

È proprio quando si è giovani che bisogna pensare al futuro, perché se ne ha tanto davanti, ed è in questi momenti che bisogna ragionare bene sulle decisioni di oggi, perché potrebbero bruciare importanti opportunità negli anni a venire.

ESSERE EGOISTI

Questa è la categoria di persone che, in assoluto, non tollero e mi da maggiormente sui nervi.
Sono il primo a sostenere che un po' di individualismo non guasta mai. Io stesso mi reputo tale, ma l'eccessivo egoismo, portato all'estremo, è insito nelle persone deboli e vigliacche. Capita generalmente in chi non ha mai combinato grandi cose nella vita ed improvvisamente, spesso per caso e senza merito, si ritrova un po' di autonomia e responsabilità, due forme di potere che non ha mai avuto e, di conseguenza, non sa usare.
Tali forme di potere possono essere a livello lavorativo, in una comunità o, più semplicemente, a livello familiare.
In questo tipo di persone, il potere può essere utilizzato per prevaricare sugli altri, al fine di soddisfare solo ed esclusivamente i propri interessi personali.
La strada, inizialmente, può anche essere comoda, ma è totalmente priva di etica e, col tempo, i nodi verranno al pettine, l'odio degli altri sarà sempre più forte e l'etichetta di persona disdicevole sarà il triste marchio di un'immagine ormai compromessa. Qualora ti venisse dato potere decisionale, sappi farne tesoro e sii altruista; evita nella maniera più assoluta questo tipo di comportamento appena descritto!

TRADIRE IL/LA PARTNER

Noi maschi siamo maggiormente soggetti a questo tipo di errore. Anche le femmine tradiscono ma, spesso, quando lo fanno, è perché sono alla fine di una relazione con un uomo che non amano più e, quando tradiscono, lo fanno, principalmente, con il cuore.

Per noi maschietti non è necessariamente così, è frequente il caso di uomini che hanno tradito la loro compagna ma, nonostante ciò, ritengono di esserne più che mai innamorati e, spesso, si maledicono a vita per l'idiozia da loro commessa.

È un errore stupido, elevato all'ennesima potenza, quello di tradire chi si ama per soddisfare un piacere temporaneo, ma tale piacere è nella nostra natura, insita in ogni essere animale di sesso maschile. L'istinto è sempre lo stesso e ci porta, in quei momenti, a ragionare fortemente con quel particolare membro che ci caratterizza.

A differenza degli altri animali, abbiamo però la fortuna di possedere un cervello molto più sviluppato, capace di metterci in condizione di ragionare ed avere sentimenti profondi, sforziamoci di tenerlo sempre bene allenato e di utilizzarlo in ogni situazione, soprattutto in queste!

Dimostriamo, prima di tutto a noi stessi, di essere uomini veri e non teste di...!

Le tentazioni esistono e dobbiamo accettarle, prima o poi arriveranno. Sarà in quel momento che dovremo restare freddi, capire che si è sul punto di compiere un'enorme cavolata che potremmo portarci dietro tutta la vita.

Vale veramente la pena cedere ad un momento di debolezza, per poi vivere per sempre con i rimorsi, e con il rischio di comprometterre il rapporto con colei che abbiamo scelto come compagna di vita?

Eppure è questo uno degli errori più frequenti, l'alta percentuale di divorzi, correlati a uomini che, oltretutto, per tale mancanza, cadono spesso in disgrazia economica, parla chiaro.

NON PRENDERSI MAI LE PROPRIE RESPONSABILITÀ

Un'altra categoria di persone che, in quanto fastidio, sono seconde solo agli egoisti, è questa!

Nel lavoro come nella vita, si trovano ovunque.

Si lamentano di non aver mai le stesse possibilità date agli altri, ma sono sempre le prime a discolparsi ed a fuggire dai problemi, giocando a nascondino.

Paura e avidità sono le due maggiori debolezze insite nel genere umano e, se gli egoisti tendono a cedere davanti all'avidità, questo tipo di persone cede davanti alla paura.

Evitare un problema può essere apparentemente comodo ma, prima o poi, si ripresenterà, meglio farsi avanti ed affrontarlo di petto che scappare per poi subirlo.

SACRIFICARE IL PROPRIO IO PER ESSERE ACCETTATI

Anche questo tipo di situazione include maggiormente chi è giovane, è normale che sia così.

Fa parte della loro natura farsi accettare da un gruppo ma, anche se doloroso, talvolta è meglio restare momentaneamente soli che tradire il proprio credo per soddisfare altre persone che, con noi, non avranno nulla a che fare nella vita.

ESSERE ESEMPLARE

Il Sistema non è invincibile, ma è fortissimo e riuscire ad usarlo a proprio vantaggio, anziché essere usati, non è cosa da tutti: per poterlo battere, si richiede una grossa preparazione e grande allenamento, un gran lavoro di base, sia sul proprio portafoglio ma, soprattutto, sulla propria persona.

Stare attenti a non commettere gli errori, riportati nel precedente paragrafo, è basilare, ma non basta, sarebbe come dire ad un ciclista che, per vincere un Tour de France, deve solo evitare di cadere in discesa o non commettere ingenuità tali da causargli distacchi dal gruppo.

Non commettere errori grossolani è solo l'ABC della vita, può consentirti di ottenere qualcosa in più rispetto a chi è di tuo pari valore, ma bisogna anche essere speciali per vivere una vita speciale.

Per vita speciale non intendo la vita delle persone famose, che i media riprendono mentre girano col loro macchinone, queste non catturano, nel sottoscritto, il benché minimo interesse.

Per vita speciale intendo una vita di successo, per vita di successo intendo una vita piena!

Madre Teresa di Calcutta, per esempio, è stata una persona di successo che ha vissuto una vita piena, molto più di quei figli di papà ricchi e bolsi, ma eternamente insoddisfatti.

Faccio un esempio totalmente differente: Warren Buffet ha dimostrato di essere una persona di successo, perché è stata una persona speciale.

Per essere una persona speciale è necessario un requisito fondamentale: l'esemplarità.

Essere esemplari non è impossibile, ma molto difficile, io non lo sono ma ho capito che, per esserlo, è necessario possedere determinati valori.

Questa consapevolezza, mi sta aiutando nell'allenamento quotidiano e nella speranza di riuscire, prima o poi, a diventarlo.

I valori sono i seguenti:

SEMPLICITÀ

Valore su cui ho già fatto menzione precedentemente, è il mio preferito.

Essere delle persone semplici viene spesso visto come un handicap, molti hanno paura ad esserlo, in quanto temono di essere additati come sfigati, oppure semplicemente perché si è fuori moda.

Cedere alle continue tentazioni consumistiche, con lo scopo di essere fighi e piacere agli altri, in realtà, porta solo un benessere momentaneo che svanisce quasi nell'immediato.

Un benessere momentaneo oltretutto costoso, utile a mantenere uno status symbol che, più avanti lo si porta e più ci condiziona, in quanto più tardi lo si abbandona e più si viene additati dalla società come persone cadute in disgrazia.

L'essere semplice, è invece un enorme vantaggio, ti permette, prima di tutto, di vivere al di sotto delle tue possibilità e, di conseguenza, di risparmiare ed investire per un futuro migliore. La semplicità ti permette altresì una vita più snella e senza inutili perdite di tempo, inevitabili per chi, invece, è al continuo inseguimento dell'immagine.

Tanto per fare qualche esempio, pensa a quanto tempo va investito, a perdere, in colui che va tutti i mesi dal parrucchiere, tutte le settimane a sottoporsi alla seduta di lampada per mantenere l'abbronzatura, o a far lavare la macchina.

Per non parlare di colei che deve dedicare ancor più tempo per tinta e pettinatura da curare settimanalmente, alla cura delle unghie e dall'estetista, a ciò l'eventuale impegno per mantenere l'abbronzatura da invidia e la pulizia dell'auto da sfoggiare nei fine settimana per essere trendy.

Onestà

Essere onesti non è solo un dovere etico e morale, ma anche un requisito necessario per avere successo.

Vorreste mai mantenere un rapporto, che sia d'amore, di amicizia, o d'affari, con chi si è dimostrato disonesto?

Credo basti questa banalissima domanda per far capire il perché l'onestà, alla fine, paga sempre.

Ho sempre preteso correttezza da parte del mio prossimo, ragione per cui, prima di esigerla, debba essere il sottoscritto a dare il buon esempio.

Chi viene trattato correttamente, tende inoltre ad essere riconoscente ed a ricambiare, chi invece viene trattato con scorrettezza, nel migliore dei casi, si limita a chiudere i rapporti, ma talvolta, tende anche a vendicarsi (l'uomo, per sua natura, è portato a ciò).

La mancanza d'onestà non è solo da considerarsi come

comportamento disdicevole, ma anche stupido, in quanto
può anche regalare un vantaggio, seppur modesto, nel brevissimo termine, ma ben presto si rivelerà un pesantissimo
handicap, dato da un danno d'immagine irreparabile.
Ritengo di essermi sempre comportato correttamente con
tutti e, in generale, sono quasi sempre stato ben ricambiato.
Non a caso ho scritto quasi, perché, in rarissime occasioni,
mi sono imbattuto in persone che se ne sono approfittate
(purtroppo esistono) e, con cui, ho inevitabilmente chiuso
ogni tipo di rapporto.
Col tempo, chiedendo informazioni in giro, ho saputo che
nessuna di loro, proprio a causa del cattivo comportamento,
ha avuto buona sorte.

COERENZA

Per avere rispetto è necessario anche essere coerenti, ovvero fare quello che si dice e dire per quello che si fa.
Al contrario si rischia solo di essere considerati dei buratti-
ni, oppure, come dicono dalle mie parti, dei *barlafus* o dei
quaquaraquà

GENEROSITÀ

Saper donare anche agli altri, quando si è nella condizione
di farlo, non necessariamente in denaro ma anche in tempo,
non fa che aumentare il proprio rispetto nei confronti del
prossimo e, in generale, fa vivere meglio.
Solo chi può permettersi di utilizzare il proprio tempo come
vuole, non necessariamente all'inseguimento del dio soldo,
ha negli occhi la luce della felicità. L'altruismo arricchisce
sempre, mentre l'egoismo impoverisce.
Sia ben chiaro, essere generoso è una dote acquisibile nel
tempo, non significa essere fesso, guai a farsi usare!

TRASPARENZA

Tutti noi desideriamo trasparenza nei nostri confronti, e la desidereremmo da parte di un Sistema che è tutt'altro che tale.
Come nel caso dell'onestà, anche la trasparenza è un valore che deve, necessariamente, venire da ambo le parti, ma deve soprattutto partire da noi.
L'essere trasparenti è inoltre una tutela anche per noi stessi.
"Patti chiari ed amicizia lunga!" recita un vecchio proverbio ancora molto attuale, così nella vita come nel lavoro, l'essere trasparenti non solo è un comportamento gradito dal nostro prossimo, ma serve anche a noi per mettere in chiaro le cose ed i necessari puntini sulle i.
Meglio ricevere un "no" subito che ritrovarsi eventuali problemi in futuro!

SOCIALITÀ

Anche l'essere socievole è un requisito imprescindibile.
Ovviamente la persona estroversa è favorita in ciò, ma non ci si deve snaturare, chi non lo è, non può e non deve fingersi tale.
Io stesso mi ritengo introverso.
Ma la timidezza è un ostacolo che, ad una certa età, va abbattuto.
Ricordate quando eravate adolescenti e c'era quella ragazzina che vi piaceva tanto, ma avevate paura solo a rivolgerle la parola?
Figuriamoci nel dichiararvi! Perché terrorizzati da un suo rifiuto!
Io me lo ricordo bene quel momento, perché l'ho vissuto, poi un giorno decisi di farmi avanti!
Finì con il suo rifiuto, perché aveva già il ragazzo, ma mi accorsi che non era la fine del Mondo, anzi, iniziò a rispettarmi e a guardarmi con occhi diversi.

Quella sconfitta, in realtà, servì molto più di una vittoria, in quanto mi insegnò a conviverci e ad allenarmi per migliorare.

In quel caso, il miglioramento consisteva nell'abbattere il muro della timidezza, pur rimanendo una persona schiva e introversa. Vorreste mai avere a che fare con dei musoni sempre zitti e noiosi?

Le qualità umane sono importantissime, ma vanno finalizzate con un comportamento piacevole, ovvero gentile, educato, sorridente e, possibilmente anche simpatico, ovviamente senza perderne la spontaneità.

AMBIZIONE

Quest'ultimo requisito fa da moltiplicatore a tutti quelli precedenti e, se questo dovesse mancare del tutto, inutile constatare che il risultato finale sarebbe 0!

È indiscutibile che possa non essere che così: come può una persona essere di successo se manca totalmente di ambizione?

Per ambizione non è da intendersi voler arrivare costi quel che costi, anche passando sopra le altre teste, ma voler ottenere risultati migliori della concorrenza!

La motivazione a migliorare le proprie performance è il sale della vita, senza di essa tutto crolla.

La motivazione può essere in ogni campo, non solo sul professionale, e deve necessariamente riguardare coloro che eccellono, se vogliono continuare ad essere tali, ma può anche riguardare tutti gli altri.

La si può, per esempio, riscontrare nel runner amatoriale che vuole migliorare il suo primato personale sui diecimila metri, sulla mezza maratona o sulla maratona.

È la motivazione, colei che tiene concentrate le persone sul lavoro quotidiano e metodico, alla ricerca del miglioramento continuo, tale da avvicinarsi all'obiettivo prefissato.

Obiettivo che, inutile sottolinearlo, deve essere fattibile e misurabile.

I TRE FONDAMENTI

Tramite questo infoprodotto, abbiamo lavorato insieme su noi stessi, da un punto di vista economico, formativo ed umano.

Per ottenere una vita di successo sono tutti e tre necessari, ora che si è visto insieme come crescere ed essere persone migliori, ecco il riscontro davanti a noi: la possibilità di vivere una vita bellissima.

I miglioramenti continui sui tre fronti, ci serviranno per la continua conquista dei tre fondamenti, necessarie alla nostra realizzazione e, quindi, alla nostra felicità: la libertà, l'incorruttibilità e l'autonomia.

LIBERTÀ

Mi ritengo, tutto sommato, una persona fortunata fin dalla nascita, per due motivi.

Per primo motivo, l'essere nato in Europa.

Poteva sicuramente andare molto peggio, come nascere in un Paese dittatoriale o molto povero.

Il secondo motivo è, invece, legato al contesto familiare, non provengo da una ricca famiglia, ma non posso di certo lamentarmi. Il tetto sulla testa l'ho sempre avuto ed il mangiare in tavola non mi è mai mancato.

Vivere con il necessario, fin dai primi anni, non è così scontato, la maggior parte della popolazione mondiale ha vissuto un' infanzia ben più tribolata.

Non aver vissuto nel lusso e non avere mai disposto di canali preferenziali, lo vedo semmai come un vantaggio rispetto ad altri, in quanto ha consentito di allenare, fin da subito, la mia tempra, sia nel resistere alle dolci tentazioni mediatiche del consumismo, sia ad affrontare, ogni volta che si sono presentati, i periodi difficili.

Scritto questo, la totale libertà, come già anticipato, in realtà, non è mai stata garantita a nessuno di noi, e tutto ciò è ingiusto, visto che dovrebbe far parte della nostra essenza.

La libertà, però, la si può conquistare passo per passo, sia nelle scelte della vita, sia nel denaro.

La presenza di poteri che controllano tutto il nostro denaro, se da un lato può servire nella lotta contro il crimine, dall'altro non ci rende dei cittadini liberi.

Il prelievo forzoso, subito da noi italiani una notte di un non troppo lontano 1992, è un pericolosissimo precedente, dovrebbe fungere da campanello d'allarme, anche se la percentuale prelevata non era alta.

Pochi anni orsono, i cittadini ciprioti hanno subito un prelievo forzoso ben più cospicuo.

L'impossibilità, vissuta non troppo tempo fa, dai cittadini argentini e greci, nel prelevare il proprio denaro, se non in piccolissime dosi, sono un altro pericolosissimo precedente. Ultimo ma non ultimo, come già scrissi nel mio contributo intitolato *La repubblica fondata sul Green Pass*, che potete trovare nel libro collettivo **Il nemico invisibile**, la decisione presa, a scopo punitivo, dal governo canadese, di congelare i conti correnti dei camionisti, rei di avere bloccato la città di Ottawa per protestare contro la gestione pandemica appena vissuta, non si è rivelato altro che un ricatto vigliacco, da parte dei potenti, non solo verso loro ma verso tutti noi.

È evidente constatare come, una sempre maggiore digitalizzazione centralizzata del denaro, vada di pari passo con la limitazione delle nostre libertà, polarizzando sempre più la proprietà verso chi decide, a differenza del contante e di Bitcoin, forse per questo così tanto vituperati.

INCORRUTTIBILITÀ

Chi spinge per una digitalizzazione centralizzata del denaro, non lo fa per abbattere il crimine ma, semplicemente, per avere sotto controllo tutte le persone.

Una grossa bugia è anche da parte di chi addita Bitcoin come ottimo mezzo a disposizione delle organizzazioni criminali, per intensificare i loro loschi traffici.

A parte la sua, ancora eccessiva instabilità, che fanno di Bitcoin una moneta non adatta al commercio, tra cui anche quello illecito, in realtà c'è già chi, in un recente passato, ci ha provato e ne ha pagato le conseguenze.

È vero che le operazioni in Bitcoin non sono nominative ma contrassegnate da caratteri alfanumerici, ma è altrettanto vero che, nonostante ciò, è possibile riuscire sia a risalire alla fonte e arrivare al destinatario.

Essendo, inoltre, le transazioni riportate su una piattaforma pubblica chiamata Blockchain, visibile a tutti e per sempre, è evidente come, operazioni disoneste, se lo si vuole, prima o poi, possono venire a galla.

D'altra parte, invece, non tutte le operazioni fatte in valuta legale, sono visibili a chiunque, ma solo agli addetti ai lavori.

Tutto ciò rende il Sistema opaco e, conseguentemente a ciò, corruttibile: indipendentemente o meno da Bitcoin, è chiaro che ognuno di noi, per essere inattaccabile, debba necessariamente essere incorruttibile e così non può che essere se si diventa delle persone esemplari.

AUTONOMIA

Da non confondere con anarchia.

L'autonomia richiede invece maggiore responsabilità, ognuno di noi, se capace di intendere e volere, è e deve essere il solo responsabile delle proprie azioni.

È ora di farla finita con le scuse e con il continuo scaricare le colpe addosso agli altri.

I nostri problemi sono solo ed esclusivamente figli delle nostre azioni passate e, pertanto, dobbiamo risolverli in prima persona, senza aspettarci in continuazione che sia il politico di turno a farlo, anche perché non lo farà.

L'essere autonomi è sinonimo di responsabilità ed essere responsabili è sinonimo di dignità, è semmai con il continuo assistenzialismo ricevuto che, le persone, rinunciano per quattro luridi denari alla dignità, tradendo in primis proprio se stesse.

6. VENGO ELETTO MINISTRO DELLA PUBBLICA ISTRUZIONE

UNA NOTIZIA CLAMOROSA

Non mi sembra ancora vero!
Ma sto sognando ad occhi aperti?
È una notizia improvvisa! Un fulmine a ciel sereno!
Mi sento più che mai motivato da questa sfida incredibile!
C'è tanto da fare e so che mi farò tantissimi nemici, ad ogni azione corrisponde sempre una reazione.
Magari mi ammazzeranno, ho paura ma, al tempo stesso, tanta eccitazione, e allora pazienza!
Morirò soddisfatto.
Prima di agire, però, bisogna pensare, ragionare e motivare, spiegando bene cosa farò ed il perché lo farò.

LE CARENZE SCOLASTICHE E LE INTELLIGENZE MULTIPLE

"Ognuno è un genio, ma se si giudica un pesce dalla sua capacità di arrampicarsi sugli alberi, lui passerà l'intera vita a credersi stupido"

(Albert Einstein)

Prendendo spunto dalla frase di Einstein, passata alla storia, ho scritto questo paragrafo, mantenendo la promessa fatta precedentemente al lettore, non solo per manifestare dissenso sull'organizzazione scolastica italiana, ma anche a scopo costruttivo, ovvero, proporre cosa farei per migliorarla (pur sapendo quanto diverrò scomodo).
Non tutti conoscono lo psicologo americano Howard Gardner che, riallacciandosi alla storica affermazione di Einstein, ha sviluppato la sua teoria sulle intelligenze multiple.

Scrisse un saggio a proposito, pubblicato nel 1983, intitolato Formae Mentis, in cui teorizzò la pluralità delle intelligenze, ben nove e l'una differente dall'altra: logico-matematica, linguistica, musicale, corporea, spaziale, intrapersonale, interpersonale, ambientale ed esistenziale.

Secondo il popolare psicologo, tutti hanno un'intelligenza particolarmente sviluppata, la difficoltà sta nello scoprirla.

Si possono possedere più forme d'intelligenza, ma nessuno riesce ad eccellere in tutte.

Non ho gli strumenti per valutare le scuole estere, ma ne ho sicuramente abbastanza per capire quanto siano carenti le nostre.

Il disagio odierno vissuto dai giovani, la loro continua precarietà, l'instabilità economica che si ritrovano a vivere e, nella maggioranza dei casi, l'incapacità nel reagire, sono la prova inconfutabile del disastro.

Se l'aspirazione massima di tanti ragazzi, sta nell'avere molti follower sui social, oppure oppure nel cullare il sogno di partecipare a qualche reality del momento, la colpa è di un Sistema che, ormai al collasso, gli ha portati alla deriva, chiudendo loro ogni porta e lasciandoli in balìa del caso.

Ragazzi con una formazione diversa, pur nella difficile situazione odierna, potrebbero trovare la forza per una reazione veemente, tale da consentir loro di ritagliarsi il giusto spazio e vivere la loro vita com'è giusto che sia.

Vediamo ora, un po 'più nello specifico, le intelligenze trattate dal dott. Gardner.

INTELLIGENZA LOGICO-MATEMATICA

La capacità di utilizzare la logica per stabilire i nessi di causa ed effetto, e di destreggiarsi con i numeri.

Intelligenza classica per scienziati ed ingegneri, chi la possiede ha dimestichezza con i numeri, ama i giochi di deduzione e di logica.

Avete mai visto qualche vecchio film di Poirot? Io li adoro!

Il detective, protagonista dei racconti, risolve tutti i casi utilizzando la sua eccellente intelligenza logico-matematica, arrivando, proprio attraverso la logica, a capire i possibili movimenti dei sospettati e ad individuare chi, tra loro, sia il vero colpevole. È un'intelligenza molto complessa, che coinvolge entrambi gli emisferi, quello sinistro ricorda i simboli matematici e quello destro ricorda ed elabora i concetti.
In questo tipo di intelligenza, vedo rispecchiarsi perfettamente mia sorella che è, infatti, un ingegnere.
Pur in misura inferiore ai suoi livelli, anch'io, per quanto poco possa centrare con lo scrivere libri, mi percepisco abbastanza forte sia sui numeri sia sui ragionamenti di logica.

INTELLIGENZA LINGUISTICA

Tanto per farsi un'idea, chi è altamente in possesso di questa intelligenza, riesce facilmente a destreggiarsi nell'uso della parola, facendo suo l'uso di un lessico, parlato e scritto, eccellente. Altra sua caratteristica, è la facilità di apprendimento delle lingue straniere.
Gli esempi sono parecchi ed i più non capiscono il motivo, per il quale, si vedono stranieri che imparano la nostra lingua facilmente ed altri, pur provenienti dallo stesso paese che, anche dopo molti anni, parlano un italiano molto stentato, questa ne è la motivazione principale.
Questo tipo di intelligenza, la si riscontra particolarmente tra chi svolge la professione di interprete, insegnante di lingue, receptionist, presentatore o scrittore.

INTELLIGENZA MUSICALE

Chi ne è dotato, ha solitamente uno spiccato talento nell'uso degli strumenti musicali e la modulazione canora della propria voce.

Non è il mio caso.

È ovviamente classica di musicisti, compositori e cantanti, ma serve anche per chi deve svolgere un lavoro in cui è richiesta capacità di realizzare eventi, di produrre filmati o, anche solo, capacità d'ascolto.

INTELLIGENZA CORPOREA

Chi è in possesso di questa intelligenza, ha doti manuali e di coordinamento decisamente superiori alla media, riesce ad utilizzare il suo corpo in maggiori contesti ed ha forte attitudine nel maneggiare gli oggetti.

È fondamentale anche per il linguaggio del corpo durante la comunicazione.

La si può riscontrare negli atleti, nei ballerini, negli artigiani ed in chi svolge lavori di alta specializzazione, come nei chirurghi, nei dentisti e negli assistenti alla comunicazione con i sordomuti.

È un'intelligenza che vedo particolarmente spiccata nella mia ragazza, molto elastica nelle movenze, grazie al suo fisico minuto, e particolarmente abile nel maneggiare gli oggetti. Me ne sono accorto durante i lavori di ristrutturazione della casa, eseguiti, quando possibile, in prima persona.

La vedevo tagliare precisamente e con estrema facilità le piastrelle, pur essendo un lavoro che non aveva mai eseguito precedentemente.

INTELLIGENZA SPAZIALE

Chi la possiede ha una memoria molto sviluppata sui dettagli ambientali, in quanto consiste nel concepire forme ed oggetti nello spazio. È molto importante tra coloro che vogliono occuparsi di pianificare e progettare.

È classica tra piloti, pittori, scultori ed architetti.

INTELLIGENZA INTRAPERSONALE

È l'abilità di conoscere se stessi: nei sentimenti, nelle paure e nelle debolezze.
È essenziale per poter conseguire i necessari miglioramenti, fondamentali alla realizzazione dei propri obiettivi.
Nel processo di crescita personale, bisogna imparare a guardarsi dentro e parlare con franchezza, ma senza giudicarsi, bensì ragionando e capendo cosa poter fare.
È un tipo d'intelligenza riscontrabile tra attori, filosofi e psicologi.

INTELLIGENZA INTERPERSONALE

È la capacità di interagire con gli altri, chi la possiede entra in sintonia con le persone, grazie alla sua spiccata empatia.
Permette di capire gli esseri umani, le motivazioni dei loro comportamenti, le loro aspirazioni, le loro esigenze e, grazie al contatto umano che sono capaci di instaurare, possono anche manipolarli.
Proprio per scongiurare il rischio di essere manipolati, è questa un'intelligenza che tutti dovremmo, almeno un minimo, sviluppare, in quanto è necessaria sia in ambito lavorativo, sia nelle relazioni di tutti i giorni. Ci permette di capire il carattere di chi ci sta davanti, anticipandone le reazioni comportamentali e agendo di conseguenza.
È riscontrabile tra i manager, gli imprenditori, i leader politici e gli insegnanti.

INTELLIGENZA NATURALISTICA

Permette di fare le necessarie distinzioni nel mondo naturale, ed è tipica di biologi ed astronomi.
Era molto utile nel nostro passato evolutivo, tra i nostri an-

tenati, quando erano tutti cacciatori o agricoltori e l'accesso al cibo non era semplice come ora.

Non è, però, da considerare un'intelligenza estinta, o di minore importanza, solo perché viviamo nel mondo occidentale.

Questo tipo di intelligenza la utilizziamo molto più di quanto si possa pensare, ad esempio mentre cerchiamo di riconoscere il tessuto di un vestito con il tatto.

INTELLIGENZA ESISTENZIALE

È la capacità di riflettere sui grandi temi dell'esistenza, come la natura dell'uomo.

Chi la possiede ha una spiccata spiritualità, si chiede continuamente chi siamo e perché esistiamo, è tipica di filosofi, psicologi e fisici.

Per concludere, questi tipi di intelligenza sono innati negli individui, ma non sono statici e si possono sviluppare.

È inutile aggiungere che il cervello, soprattutto durante l'invecchiamento, vada tenuto in costante esercizio in quanto, l'intelligenza stessa, se non allenata, tenderà a decadere. Sapere riconoscere l'intelligenza più vicina alle nostre attitudini dovrebbe essere basilare, per poter capire quali studi intraprendere e in che direzione lavorare per sfruttarla al meglio, potendo così vivere una vita piena e di successo.

L'ignoranza diffusa sull'esistenza di tali capacità e, di conseguenza, sull'individuazione delle proprie, è causa dell'infelicità generale, data da un lavoro completamente non congruo alle proprie caratteristiche.

In poche parole, alle limitate prospettive lavorative, causata da una gestione del denaro in mano ad aziende private come le Banche, si aggiunge una limitatissima conoscenza, nei confronti della stragrande maggioranza delle persone, sulle proprie potenzialità, che determina un appiattimento generale, favorendo i soliti pochi e penalizzando tutti gli altri, destinati a una infelicità perenne.

IL COMPITO DELLA SOCIETÀ:
DISTRIBUIRE RISORSE IN MODO EQUO

Prima di essere frainteso, tengo immediatamente a puntualizzare che, per risorse, non intendo necessariamente da un punto di vista economico, anzi, per me l'assistenzialismo è uno delle maggiori cause di povertà.
Per risorse da distribuire equamente, intendo come accesso alla cultura ed alle informazioni.
A tal proposito, mi rifaccio alla "Teoria del Gatto di Deng Xiaoping", ex capo del Partito Comunista Cinese.
La sua teoria diceva "Non importa che un gatto sia nero o bianco, finché prende i topi sarà sempre un buon gatto" e, detta così, era ineccepibile, ma la realtà dice che era falsa.
La differenza di trattamento, ricevuta dalle aziende private, denominate gatti bianchi, rispetto alle aziende di Stato, denominate gatti neri, era evidente.
In poche parole, ai gatti bianchi veniva impedito di catturare i topi, in quanto le possibilità, tra aziende private ed aziende di Stato, di entrare nel mercato, erano tutt'altro che paritarie.
La conclusione era evidente: i "gatti neri" di Stato venivano sempre favoriti, mentre i "gatti bianchi" privati, venivano sistematicamente castrati, così come oggi, l'accesso alla cultura ed alle informazioni è decisamente diverso tra i figli dei potenti e tutti gli altri, anche se viene fatto credere il contrario.
C'è però da precisare che, con l'avvento di internet, si sta comunque tamponando, almeno parzialmente, questa disparità.

LA SCUOLA DEI MIEI SOGNI

Chi mi conosce potrebbe sorridere, qualche ex professore potrebbe addirittura arrabbiarsi e chiedersi chi sia io, per arrogarmi il diritto di proporre riforme scolastiche.

Ammetto di non essere mai stato uno studente modello, non ho mai dimostrato forte attaccamento allo studio e riconosco, in alcuni anni, di essere stato tra gli ultimi della classe, sia come profitto sia come condotta.

Onestà, coerenza e trasparenza sono tuttavia valori sui quali non transigo, quindi non nascondo il mio passato da studente zoppicante e che aveva come obiettivo conclamato il sei stiracchiato, talvolta ottenuto anche scopiazzando qua e la, lo ammetto! Omettere una verità evidente (che, chi mi conosce, o sa o immagina) equivarrebbe a nascondersi dietro a un dito, negare l'evidenza dei fatti e, di conseguenza, essere imbarazzante.

Siccome non sopporto le persone imbarazzanti, io per primo non devo esserlo, quindi eccovi servita sul piatto la verità dei miei trascorsi.

Scritto questo, ritengo ugualmente di avere il diritto di esprimere una personalissima opinione come tutti, anzi, proprio chi, nel percorso scolastico, non ha trovato gli stimoli adeguati, ha maggiormente il diritto di far sentire la sua voce!

Oltretutto, non sono appena stato nominato Ministro della Pubblica Istruzione?

Ho facoltà di poter agire!

Quindi vado avanti per la mia strada imperterrito e inizio il mio lavoro, partendo con un bel discorso in Parlamento, nel quale annuncio ciò che è nelle mie intenzioni fare.

Riallacciandomi ai paragrafi precedenti, inerenti le intelligenze, si potrebbe già capire come impostare un percorso adeguato fin dalla giovane età, per chi dovrebbe essere il cittadino del domani e, per farlo, allargherei le ore di studio anche al pomeriggio, è inevitabile.

Per prima cosa, come già anticipato diversi capitoli fa, considererei lo studio della Storia e dell'Educazione finanziaria materie di primaria importanza, allo stesso livello di Italiano e Matematica ed inserirei subito, ad un gradino leggermente inferiore, lo studio della lingua Inglese.

In affiancamento, allo svolgimento dei temi didattici sulla cronaca d'attualità e su argomenti storici, favorire anche l'estro dei creativi non sarebbe male, promuovendo piccole storie inventate che potrebbero anche divenire dei romanzi brevi; così facendo, si lavorerebbe molto bene sia sull'intelligenza linguistica, sia sull'intelligenza logico-matematica.

Anche l'aumento delle ore riguardanti le materie artistiche, musicali e ginniche è necessario, per lo sviluppo dell'intelligenza spaziale, musicale e corporea.

La pratica assidua di uno sport di squadra permetterebbe, oltretutto, all'alunno di interagire maggiormente con il prossimo, sviluppando l'intelligenza interpersonale; ma anche la pratica dello sport individuale è fondamentale, per conoscere meglio sé stessi, sia nelle particolarità come nei limiti, sviluppando considerevolmente l'intelligenza intrapersonale.

Gli sport individuali di resistenza, oltretutto, favoriscono un maggior livello di spiritualità in chi lo pratica (chiedete lumi a ciclisti e podisti amatoriali se non mi credete) e, di conseguenza, soprattutto se praticati in giovane età, sviluppano una maggiore intelligenza esistenziale.

Ultimo ma non ultimo, la pratica di uno sport outdoor, che sia di squadra come il calcio o individuale come la corsa o il ciclismo, permette, a chi lo pratica, il contatto diretto con la natura e, di conseguenza, un inevitabile sviluppo della sua intelligenza naturalistica.

IL SUONO DELLA SVEGLIA

Al momento della nomina, mi stavo chiedendo se stessi sognando ad occhi aperti.

Ora realizzo che gli occhi erano ben chiusi!

La sveglia è stata, per me, da sempre, uno spartiacque tra il Mondo sognato e quello reale, riportandomi sistematicamente alla realtà, questa volta proprio mentre stavo iniziando il mio discorso, preparato con cura.

Be',mi consolo con il constatare che la mia vita è salva, anzi, a dire il vero non è mai stata in pericolo.

Va bene così!

In fin dei conti, come cantava Zucchero, è un peccato morir.

Il sogno però c'è stato e non è poco, è il primo passo per esaudire un desiderio, ora non resta che realizzarlo e, come disse Giulio Cesare quando varcò il Rubicone, "Il dado è tratto!".

Sia ben chiaro che, la realizzazione di questo sogno, non consiste nello sviluppo della mia carriera personale, bensì nel vedere l'evolversi di un Mondo, giorno per giorno, sempre migliore e, forse, il mio destino, è scritto nella realizzazione di altro, magari in quello di questo libro.

7. TI RINGRAZIO PER LA FIDUCIA

Se mi hai letto fino ad ora, vuol dire che hai mostrato rispetto verso il mio lavoro e, per questo, te ne sono immensamente grato.
Spero di esserti stato utile, me lo auguro più di qualsiasi altra cosa.
Hai potuto constatare quanto sia dannoso rimandare, ma al tempo stesso non bisogna darsi mai per vinti.
La tempistica è importante, ma non è mai troppo tardi per sterzare: il Sistema ci vuole consumatori dormienti, che si trascinano giorno per giorno; ora che lo sappiamo dobbiamo agire subito!
Agire non significa partire a testa bassa, ma programmare e darsi degli obiettivi: quotidiani, settimanali, mensili, annuali, quinquennali e decennali.
Più sono a breve termine e più devono essere reali e misurabili, più sono a lungo termine e più possono essere ambiziosi e, qualora non dovessero essere del tutto raggiunti, pazienza, almeno ci avremo provato, sicuramente saremo migliorati e ci saremo avvicinati.
È l'ora dei saluti, posso garantirti che ce l'ho messa tutta, l'impegno da solo so che non basta, ma è almeno sinonimo di passione, il requisito più importante, quello che fa da moltiplicatore alla somma tra qualità e quantità e che, soprattutto, fa stare in pace con se stessi.
Accetto critiche purché costruttive, non esitare a farmene qualora lo ritenessi necessario, nella vita tutti hanno qualcosa da insegnare e tutti hanno da imparare.
Con umiltà cercherò di migliorare ed alzare l'asticella, giorno per giorno, ma il mio meglio, al momento, è questo, e ciò è mio motivo d'orgoglio per il lavoro svolto e la risposta al perché ritengo che, come dice il mio amico Edo, "comunque vada, sarà sempre un successo".

Ringraziamenti

Quest'ultimo lavoro lo dedico a Maria, colei con la quale ho condiviso gli ultimi anni.

Anni intensi ed incredibili, nella quale abbiamo realizzato diversi dei nostri desideri, prendendoci delle sfide che, fosse stato solo per me, nemmeno mi sarebbero passate per l'anticamera del cervello.

Il merito della "nascita" di questo libro è, di conseguenza, suo: se è vero che, sul foglio, scivolava la mano del sottoscritto, la quale, parola dopo parola, è arrivata a completarne la stesura, è altresì doveroso ammettere che, senza Lei, non avrei avuto così tanto da raccontare; la mia vita avrebbe preso un'altra piega.

La Nostra vita assieme è un'opera in via di realizzazione, in eterno miglioramento; un po' come il proverbiale cantiere del Duomo di Milano.

Ora tocca a te, carissimo lettore, costruirti la vita che desideri e che meriti!

Note sull'Autore

Cristiano Casalini, scrittore.

Emiliano di origini, ma milanese d'adozione, è nato a Castelnovo ne' Monti (RE) nel 1973.

Lavora da oltre 25 anni nel settore della GDO e opera attualmente presso una multinazionale francese, è anche imprenditore

Ha al suo attivo tre romanzi: nel 2017 ha esordito con *"Contrabbandati"*, nel 2018 ha pubblicato *"Interista da morire"* e nel 2020 assieme a Giuseppe Santabarbara ha pubblicato *"Un taxi per il paradiso"* edito da Edizioni We.

Successivamente pubblica sempre con Edizioni We *"Bitcoin! Il prezzo della libertà"* che è il suo quarto libro.